© 韩寒 2012

图书在版编目（C I P）数据

杂的文/韩寒著.—沈阳：万卷出版公司，
2010.11（2012.2重印）
ISBN 978-7-5470-1268-0

Ⅰ.①杂… Ⅱ.①韩… Ⅲ.①随笔—作品集—中国—
当代②杂文—作品集—中国—当代 Ⅳ.①I267.1

中国版本图书馆CIP数据核字（2010）第201965号

出版发行：北方联合出版传媒（集团）股份有限公司
　　　　　万卷出版公司
　　　　　（地址：沈阳市和平区十一纬路29号 邮编：110003）
印 刷 者：北京鑫瑞兴印刷有限公司
经 销 者：全国新华书店
幅面尺寸：153mm×223mm
字　　数：115千字
印　　张：13.5
出版时间：2010年11月第1版
印刷时间：2012年2月第10次印刷
责任编辑：王会鹏　李文天
特约编辑：赵海萍　袁舒舒
ISBN 978-7-5470-1268-0
定　　价：25.00元

联系电话：024-23284090
邮购热线：024-23284050　23284627
传　　真：024-23284448
E-m a i l：vpc_tougao@163.com
网　　址：http://www.chinavpc.com

种动物，好养活，而且方便专家们赋予它特殊的药性。你说吃蚂蚁能充饥我相信，能壮阳我还真的不信。以前有外电新闻相传此保健品其实含有西地那非的成分。这我信，西地那非就等同于伟哥。所以，可怜了这些蚂蚁，其实是陪葬的。按照现在流行的说法，蚂蚁，你们就是炒作出来的。但蚂蚁还是要养的，不养就没理由来集资了。可以适当地考虑白蚁，因为我在电视里老看见某地白蚁成灾，索性来个白蚁保肾一说，还可以顺带做点公益。

其次，继葛劣的遭遇以后，赵小山也摊上了。赵小山在广告里演的是一个从不举到举的形象，但在现实里却是个从幸到不幸的转变。这两个明星都算是老百姓喜欢的口碑很好的明星，从葛劣退了代言费五百万的先例来看，说不好赵小山也要退钱。赵小山要退的话，退多少呢？但从另外一方面，说明像这样的强烈需要博取老百姓信任的公司，在选择形象代言人方面，还是做了深入的调查的，也是颇有成效和眼光的。相比之下，选择黄晓明做代言的奔驰汽车还要好好学习学习。

所以，这次事件的最大看点和意义在于，如果赵小山也退钱，经过这场成本达数百亿人民币的史上制作费最高之曲线大PK，我们终于可以知道这两位中国最一线的男明星究竟谁的身价高一点。

杂的文

WAITING FOR THE PAST
MEMORIES COMING BACK AGAIN

期待我们往日的灵魂附体

韩寒 著

北方联合出版传媒(集团)股份有限公司

万卷出版公司

序言

　　熟悉整个事情的读者都知道这本书出版的艰苦。光是序言就写了三个，每次都是临出版前被推后。一次是出版商违约，一次是因为正好有论战，不想让人说为了新书炒作，以捍卫我在论战中的观点的纯粹。一次是因为官司的问题。书名也改了又改，开始叫《坛》，后来盗版商帮我出了。直到了现在的。

　　书是必须要出版的。里面的文章，大多数我都发表过在我的博客里。不想花20元买书的读者可以上网花20元的电费和上网费把文章全部浏览了。至于非议的人，我不明白你们的逻辑。我的杂文，都在网上，如果我不出书，那一朝网络瘫痪，岂不是什么都没有留下？况且我自己的文章，我觉得写得还不错，很多大家都免费看过，我不出书，那这些文章怎么办呢？一辈子不可以出版？漂泊在外无家可归？我的文集也不能收入？网络上发表的杂文和报纸上发表的杂文相比，除了更加好看没编辑删改以外，还有什么缺点吗？为什么报纸上写杂文专栏的作者结集出书大家却很认可？让想看纸质书的读者都去买盗版？盗版商赚钱你们高兴，作者拿稿费你们就不悦？我真想直接把你们塞到陈冠希的相机里去。

　　对于此书，我没有向出版商要求保底，出于对合作伙伴万榕公司和老朋友路金波的信任，这本书是卖一本算一本的，而且我们甚至连合同也没签。我也不对这书的销量抱有任何期望，毕竟文章很多读者都看过。某些不想买的读者可以在书店站着把这本书的未发表文章看完。印象里我是第二次在序言里这么说了。但希望某些人不要用此书的销量来说三道四，我本人已经接受版税的损失了，你还要打击一个作者在网络上免费提供杂文的信心。这就好比不捐款的没人说，捐了款却要被人骂小气和作秀一样。毕竟全中国就我一个畅销书作者在网络上免费提供原创文学作品。这也算是我对互联网的微薄支持，套用一个网友的话，虽然网络有时候是低俗和下流的地方，但他却闪耀着民主和自由的光辉。这个现实的世界里，其实也到处都有低俗和下流，却不是哪里都有民主和自由。

　　以上的抱怨在一篇文章里提到过。单独拿出来一些片段作为序言。无论如何，无论我在哪里写的杂文，以后我都会收到我的书里。而且必须收到书里。

　　对于一个写作的人来说，文章是想法的归宿，而书是文章的归宿。

CONTENTS

目　录

"急死你"世界纪录

　　我小时候有一本大册子，叫《吉尼斯世界之最大全》。一开始我以为是"比基尼世界之最大全"，后来又以为是"迪斯尼世界之最大全"，最后终于看清楚了这三个字，但我总是记成"吉斯尼"世界之最大全。每次看了都要去和小伙伴吹牛，时间长了他们都以为是"急死你"世界之最大全。那个时候大部分的纪录都由外国人保持。偶然看见一个中国的纪录觉得很自豪。但现在看看，我们国家每天都能有"某地造出世界上最大的大饼"等新闻，再搜索一下，发现似乎这个纪录已经被我们中国包揽了，以下为新闻与报纸摘要：

20日，一面用2004条红领巾缝制而成的中国共产党党旗在北京经济技术开发区实验学校展开。这面红旗长23.1米，宽15.4米，是迄今为止最大的一面党旗。据悉，相关部门将申报吉尼斯世界之最。

沈阳中街百年房梁制成世界第一巨筷，长度为6.295米、重53.7千克，成功申报吉尼斯世界纪录。

吉林省前郭尔罗斯蒙古族自治县1199人创造的"规模最大的马头琴合奏"，成为吉尼斯世界纪录。

在郑州文博广场上，1059人合奏萨克斯管，场景很是壮观。据称，这是目前世界上规模最大的萨克斯管合奏，有望申请吉尼斯世界纪录。

北京的八喜冰激凌公司在2006年1月16日制造了这个世界上最大的冰激凌，它有15.75英尺长，9.84英尺宽，3.28英尺高，重达17637磅。

在"万鱼大巡游"活动结束后，大会主办方宣布了此次有万余群众演员参加的"万鱼大巡游"活动，以"最大规模"的"人扮海洋生物集会"创造了吉尼斯世界纪录，现场顿时一片欢腾。

山西省晋城市2008对青少年围棋选手8日在晋城市体育场同时对弈，并排出"2008"字样，该场比赛创造了中国同场围棋对弈人数之最，并创造了上海基尼斯世界纪录。

2348架古筝，2348名筝女，昨日的葫芦岛市龙湾海滨广场，奏响了悠扬的《渔舟唱晚》。人数之多，当场刷新吉尼斯世界纪录。

威廉姆斯带领呼和浩特市民和来自全球各地的游客们共同进行了"千人饮奶，挑战吉尼斯"狂欢，上千人共饮蒙牛纯牛奶，不仅在吉尼斯世界纪录上从未有过，也在自治区乳业的发展史上留下了壮观一幕。

锡林郭勒盟西乌珠穆沁旗的"挑战吉尼斯世界纪录西乌珠穆沁旗2048搏克赛"参加人数（2048名）创造了吉尼斯世界纪录。

1500人最后到达北京慕田峪长城脚下并拼出面积达2008平方米的奥运会的红旗，以庆祝奥运会倒计时一周年的到来。据悉，该项活动将申请"最多参与的骑自行车人数"和"最大的红旗"两项吉尼斯世界纪录。

等等等等，我只翻了十几页新闻，包括大量重复的新闻，已经有这么多世界纪录了。其中，第一条和最后一条还是矛盾的，两个都号称是世界上最大的旗子，但仔细一看，原来第一个是世界上最大的党旗，最后一个是世界上最大的红旗。其中，我看到新闻说，吉尼斯去年在中国认证了35个世界纪录，有500多个申报。但让我疑惑的是，上海还有一个叫大世界基尼斯的本部，这两个到底有什么联系呢？莫非这个机构在国外混不下去了转移上海了？一般来说，我国地方政府最喜欢的东西，往往就是国外早就过时的东西。从上面的数据上来看，我们的地方政府是很喜欢去创造世界纪录的，如果你一个县长用自己头发拽动汽车一公里之类的倒也算了，但都是发动群众创造所谓纪录。按照这个趋势看来，十年以后，一半的世界纪录都是我们中国的了，我们的群众估计自己也很喜欢去创造世界纪录来体会地域自豪感，大把的纪录等待我们去创造，比如在澳门可以发动2008个孕妇一起吟诗来象征2008奥运会。不过澳门以前是资本主义国家殖民地，群众的思想觉悟估计不高，凑不起来。但我国其他地方就方便了，5000个学生同时做俯卧撑，10000个市民同时吃羊肉串，前面不是有千人喝奶的纪录吗，我们可以申请两千人同时挤奶的纪录，好处是同时可以申请2000头奶牛被挤的世界纪录，如此种种，虽然技术含量低了点，全是我们的了！

除了多人创纪录外，我们的单人创纪录也很有特色。6米的筷子20米的饼，10米的牙刷100米的油条。此刻我看着酒店齐窗高的大树，真想把它砍了去申请世界上最大的牙签。

在此文要结束的时候，又喜见一条我国新创造的世界纪录：某市几百人坐成一排，依次把一句悄悄话从队头传到了队尾，创造了传播悄悄话最远的世界纪录！看到中国人又一次成功地屹立在世界的顶峰，我真是由衷为我们国家感到自豪。同时我建议我们可以去申请一个最喜欢申请吉尼斯世界纪录的国家的世界纪录。

脆弱的教授

今天早上上网看见一个新闻。又和龙有关。还是上外的一个姓金教授。关于龙不龙的，我觉得没什么好争论的。此教授觉得龙不是什么好东西，是啊，究竟什么算好东西呢。按照当代人的理解，钱和房子算是公认的争议最少的好东西，中国的图腾索性就是一个楼盘边上一张人民币得了。历来民族的图腾都是凶兽。你见过用兔子做图腾的吗？而且他对龙的理解和这个图腾的由来等基本知识都是非常不符合教授这个称谓的。可见，教授对叫兽真是两嘴毛也搞不清楚。

关键是，我发现当今的大学教授都很脆弱。早上我观赏了一下他的博客，看见他说我对他的吴上司进行了人身攻击。我吓一跳，马上翻回自己的文章，左看右看，哪有公鸡啊，一根鸡毛都找不到。后来想想，哦，可能是我开头那个"吃饱了撑"被认定是人身攻击了。

好吧，"吃饱了撑"的确是对身体的攻击。我这也认个错。好，您的上司从现在起不撑了。

想来现在的好多教授可真够脆弱的。可能学生对自己唯唯诺诺惯了，看出去全天下似乎都是自己的学生。他们可否知道出了大学门，就唬不了人了。我想他们一定知道，要不怎么不常出大学门呢。就算出了国门，也马上跌到外国一个大学门，以这样的所谓学术交流来臆增自己的功力（所指文学哲学美学心理学社会学等学科教授）。这位金教授也够脆弱的，正看他的文章呢，发现博客已经关闭了。是啊，书和桃李一样啊，到用时方恨少。所谓桃李满天下，原来天下这样大，这么多人不尊重教授啊。看不下去了。关。

前几天李湘被某大学拉去当了回教授。某著名教授就很不爽，觉得这是玷污教授这个名头。李湘不管怎么不惹人喜欢，至少主持了这么多年节目，去忽悠忽悠播音系的学生还是足够。教授就是一个普通不过的职业。以我的汽车知识和开车技术和写文章本领，我就是中国汽车方面最好的教授。但教授这词实在不好听，和专家一样，都是行骗的必备头衔。说实话，我现在看见教授，尤其是搞些什么哲学美学文学心理学社会学的教授，我真不想和这些人说一句话。好在，我还真没什么机会和他们说话。

可教授们似乎不这么想。教授们觉得，凭借他们的地位和正在从事研究的关于《西游记》里的孙悟空究竟是当今中国哪个省的这样的重大课题，他们必须要受到敬重。长期在大学里受到的盲目敬重导致了他们相当脆弱，说他们一句"吃饱了撑的"都不行。但是对待教授不一样，咱必须要道歉，面对这样脆弱的群体，天知道会出什么事，就应该娇生惯养着。您周围是22度吗？

我发现，在心理和言语的承受力上，强势群体都很脆弱，弱势群体都很强大。

最后，对于上外的金教授，咱们一定一定要客气，他们学了不少英文了，能看懂母语中"吃饱了撑"这样的俗语也算可以了。精通西方的语言，研究西方的制度，按西方的旨意改图腾，眼下，又到了比春节更重大的节日，哎呀妈呀圣诞节，别的节日可以不管，但一定要祝上外的金教授圣诞快乐。您觉得龙是封建制度的代表，但封建的我还是希望脆弱的您，能万寿无"僵"。过一万个圣诞节，然后骄傲地向西方世界宣布，这才叫万圣节。

国人的奇特心理

今天在新浪的博客上看见一篇文章，说刘国梁开了一辆一百多万的新车，奥迪的Q7。再看网友留言，发现大多数都是骂的。我表示十分的不解。一个得了如此多世界冠军的人，别说自己买了，体育总局从男足那里转点钱过来送他一辆都没什么稀奇的。花自己的钱还要被人骂，恐怕最中国特色了。

前几天看汽车杂志的时候，看见有一人从法拉利定了一辆车，因为几十万美元的最好的限量版的ENZO已经不能满足人家的需要，而且几百的限量也不够稀有，所以他以ENZO为原形，拆个乱七八糟，让法拉利重新打造了一辆价值500万美元的车。

他是美国的一个编剧。

这要在我国，一个编剧敢买个价值10万美元的保时捷，肯定被观众骂个狗血喷头，以后这个编剧的戏就不看。肯定不下十万人诅咒他车毁人亡。

操，只要你过得比我好，就不行，划不了你的车，老子至少还能骂你。骂什么呢，骂你写了好电视剧还是拿了世界冠军？

归根结底，一是穷，二是根子里的习性。当然，穷是最重要的，如果大家都能买得起A6，那杰出点的开个A8，大家也没意见。不但经济上和精神上都穷，而且我们的福利差，每个人都搞得很紧张，教育、医疗、住房都没保障，普通老百姓生个病，自己治好，家里穷死。

但，这和刘国梁开什么车没有任何关系。

看不得别人好的人，一辈子自己都好不了。

我是这样想的，我很羡慕刘国梁，喜欢他那辆车，我还喜欢M5，还喜欢911，我希望自己明年的赛车成绩再好点，得更多的冠军，虽然不是世界冠军，但全国冠军也成，亚洲也成。所以冬季要给自己再加一点训练的时间。明年拿更多的奖金，改天换辆自己更喜欢的车。

我在上小学的时候，就很喜欢车，但从不诅咒眼红有车的人，只是希望早日能开上自己的汽车，甚至参加汽车的比赛。如今我可以光荣地无愧于小时候的梦想，后天还要去车队领今年比赛的工资和奖金，真是开心。这些虽然比版税少不少，但都是经过不少困难和危险得来的，我爱怎么花怎么花，高兴了我明天就去买M5。我相信，一个世界冠军从小付出的要比我这半路出家的多很多。而且他们的运动因为入门的门槛比较低，一副球拍一颗决心就是成本。所以竞争的人更加多，要赢更难。

我尊重任何冠军。

经常眼红，小心近视。

王朔

今天接到几家媒体的电话，大意都是《三联生活周刊》做了一期王朔的专题，然后企图拿王朔的一些观点来挑起事端。可惜王朔和《三联生活周刊》都是我所喜欢的，这怎么挑呢?

记者还是比较嫩，他们说，王朔说，"80后"都是一帮啥啥啥啥，你觉得呢?

我说，我太赞同了，我也这么觉得。

在中国有一拨人，神经质，一点自嘲精神都没有，只要有人说到他的城市或者他的群体有什么不好，立马能疯。我上次说到上外的女生，马上疯了一批。是上外赞助了你们上学还是别的什么？不都是考那去了吗，一失足一失手不就去别的学校了吗？平时私下不知道说了自己学校自己城市多少坏话，但别人一说马上就要莫名而起捍卫自己那个小堆堆。那不是荣誉，是傻。

如果有人说中国赛车坏话，我太开心了。有外人来替自己说自己不方便说的，只要你清醒，就知道是幸运。

王朔是我很欣赏的作家，是中国少有写出作品来的作家。他说自己没文化，那是先把自己降到一楼，方便往楼上骂，一有情况，大家一起跳，肯定他伤得轻点。关键是有些人不明白，真以为他没文化。就单人而言，王朔对中国电视剧和中国电影的推动和贡献是最大的。《阳光灿烂的日子》是到现在为止中国最好的电影，不是之一。电视剧就不用说了。中国人不讲究谦虚吗，谦虚大发了难道就都认不出来了？

王朔在跟人争论的时候，几乎不提自己的作品，用观点说事不用作品压人。但好多傻逼却把自己混口饭骗个果的头衔都奠出来了。事实是，王朔是一直很谦虚地发表看法，而很多人却狂妄地说三道四。王朔说自己没文化，其实已经是在骂人了，藏得深点而已，就像刘翔说自己跑不快一样，那是在骂你们乌龟呢。王朔是有经典作品的人，而且很多。在中国，有牛的作品但没人叫他大师的人，一定好，无论他以后的作品如何，他留下的就已经足够了。但甚至有所谓"80后作家"觉得王朔应该"树立文学表率，不应该率性而为"。这他妈是一个二十多岁的写东西的人应该说的话吗，不知道还以为开政府工作会议呢。作为一个真正的作家，率性是特别重要的一点。你们小小年纪，本应该有血性，这个社会暂时没有动荡和苦难逼迫你们，你们却只学会跪着写些腻腻歪歪的文章。风再起时，你们就站不直，风继续吹，你们还不都成了炮灰。看了你们的言论，我假装不认识还来不及，为什么要帮你们说话，就因为我跟你们差不多年岁生的所以就要抱个团？我只听说过志趣相投要结个党的，从没听说过年纪相仿还要成个帮的。我要是只有这点认识，早堕落到上大学去了。

所以，奉劝一些有心的媒体，除非哪天王朔伤我家人抢我女人，要不然你们希望看到的那幕，是不可能发生的。况且到了那时刻，傻逼才顾得上写文章。

说徐志摩

从课本里大家都接触过徐志摩，老师说他是大才子。《再别康桥》是要背诵的。我对背诵的东西很讨厌，判别一个东西好不好的标准很简单，语文老师或者语文课本里指明要背诵默写的，那肯定不是什么好东西。

大部分现代人对徐志摩的了解不是因为他的诗歌，是因为电视剧《人间四月天》。黄磊因为鼻子和徐志摩一样大，所以演徐志摩还挺那么回事，后来黄还深情演唱一首《我不知道风是往哪个方向吹》。我朋友说，这歌名那么长，不容易宣传啊，为什么不叫《我不辨风向》呢？我说，你傻啊，那是徐志摩的一首诗。

徐志摩除了我个人觉得写得一般的《再别康桥》和相

当差的第一个康桥版本以外，大家可能还会记得《雪花的快乐》，因为《人间四月天》里老朗诵来着，"飞扬，飞扬，飞扬"。徐的散文基本也是延续他情书的路子，所以更算不得好。他要赞美一炉子，就把炉子当成林徽因写就成了；同理，他要写这炉子不好，就把炉子当成张幼仪来写就成。

基本上，徐的笔法就是向所有事物写情书。所以他的散文很啰嗦。

徐以前不是这样的，1921年的留学让他接触到了西方的诗歌。没接触西方多久，1922年就回国了。两年的时间正是热恋期，让徐在西方待个二十年恐怕他也就没感觉了。带着西方的一些小东西回来的徐自然受不了当时的中国，但基本啥都没干，就使出了在西方模仿到的诗歌流派，开始唯美地写起诗来，人称"中国的雪莱"。关键是中国有雪莱吗？中国就是中国，雪莱就是雪莱，中国只有雪莱。徐的诗歌其实要比现代诗人的诗写得强很多，因为他想唯美，但时世又唯美不起来，两者一结合一变态，成了独特的风格。而且徐的诗歌其实还留有旧诗的影响，无论是押韵、重点句的重复和格式上的对整，都没走太远。基本上生物都能看明白，这也是那时候新诗受欢迎的原因之一。如果徐活到现在，看见现在的新诗，肯定觉得他那次去北平选择的交通工具是正确的。

我相信大部分人除了"挥一挥手不带走一片云"外没有读过徐的其他作品,人云亦云就跟着说他是个大才子。徐有才情是真的,大才子真的说不上,尤其在那个出文豪的年代,徐的这点小才华和欧洲几日游带回来的东西真算不得什么,泡妞倒是可以。对于男人来说,泡妞只是一种才能,而不是一种才华。

这些是我高中时候看过,最近再次翻过他的作品后的感想。不能因为他姓徐,我就得网开一面。但有一个人,藏在这个事情里,沾了光,被更加严重地高估了,她就是林徽因。她的最大贡献是给了电视剧《人间四月天》一个好听同时也不知所云的名字。至于她是一代才女,我更是没看出来。她的才能就是把那些雕虫小技和三脚猫功夫演变成了后世对她的肯定。她是势利的,现实的。我不喜欢这样的女子。徐按照她的意愿和原配离婚,她却最后嫁了梁启超的儿子。李嘉欣誓嫁豪门,大家就都表示鄙夷,早知道,李嘉欣学着写写小诗嘛,反正写诗那么容易。林徽因还是个"建筑学家",她的一点小诗文靠着徐志摩,建筑学上的小成就也是靠着梁思成,加上当时的什么学入门都比较容易,"老公老公我爱你,跟着你变成大才女",这是比较简单的。她的诗和散文就更别提了。徐志摩模仿西方诗就已经走样了，她再模仿"中国的雪莱"，也就是我们今天说的，她是"雪梨"，自然可想而知。不是男女平等吗，我们不能因为她是个女的就降低标准，字写顺了就叫大才女。

那个年代里，女子无才便是德。但总也不能女子无德便是才啊。

人也都死了，留下来的话也不知道真假了，天知道他们那五六个人当年究竟是怎么回事。也就是在当年，这些婚外情、嫁豪门、抛妻抛子自己反被抛、大牌间恩怨、几角恋能成为个好故事，这要在如今，肯定要被更加庸俗的世人骂死——炒作，这是陆小曼的经纪公司为了捧新人，号称蔡依林接班人的陆小曼的炒作！徐志摩要出诗集了，他和林徽因被偷拍了！但读者怀疑是徐的出版社自己安排人拍的！炒作啊……这样就多么的无趣了！

让他们留在那年代吧。他们都只是那个人物辈出的年代里的小才情。

"谈话是诗，举动是诗，毕生行径都是诗，诗的意味渗透了，随遇自有乐土；乘船可死，驱车可死，斗室坐卧也可死，死于飞机偶然者，不必视为畏途。"

应该废除学生作文

我上学的时候作文写得不错，老去参加作文比赛，每次比赛前都要先自我洗脑，看看最近流行什么口号，比如有一阵子讲究"七不规范"，写作文只要挂靠"七不"，编造故事，比如看见有人随地吐痰我马上扑过去用手接住那口痰，并顺带歌颂祖国，肯定是高分。但不幸的是，我每次作文比赛都是二等奖，因为总有那么一个人颂歌唱得比我好听。我到现在都忍不住要对每次拿一等奖的那人说，我当年写作文已经够无耻了，你怎么能更加无耻。

看最近几年，总是有自暴自弃者写出高考0分的作文，我看过这些0分作文，他们的相同点就是——真实地表达了自己想法。我们的教育是不允许表达真实想法的，讲究的是让你没有想法，然后，用几十年前的教材告诉你，这个是正确的，那个是错误的，当然，你不同意也没生命危险，只不过开除或者0分而已。其实只要不是交白卷，批卷者是不可以给出0分的。我只是想的和你不一样而已，凭什么你想的就是100分，我想的就是0分。没慰安好也得有个安慰奖吧。而作文这样的没有一个评判标准的完全凭借批卷人个人喜好给分的东西能进所谓公平的高考试卷，本身就是有失公平的。

幸运的是学生们除了看中作文的分数以外，都不太看中作文的本身。而很多被认为是垃圾文化的东西，拯救了现在学生那点可怜的想象力和创造力。

可以说，很多人的撒谎体验都是从作文开始的，而为数不多的说真话体验，是从写情书开始的。从小，作文的范本和教材告诉学生们，文字的用处就是赞美和歌颂，而揭露和鞭策都是不积极的向下的阴暗的不极地阳光的。可能有人要用教材里的鲁迅来说事，可鲁迅在教材里起的作用其实也是赞美和歌颂，并且是领唱的。其实赞美和歌颂是很好的事情，谁不喜欢赞美和歌颂，关键是，我们连赞美和歌颂什么内容都是有规定的，比如我不能赞美姑娘的屁股，歌颂小姐的技术。种种限制，注定了我们的作文，写到最后全都是假话。

当然，很多脑子不开窍的会觉得，作文无论好坏，它培养了学生的遣词造句的能力，好比对很多人来说，数学虽然往高了学没用，但它培养了你的逻辑思维能力一样。这样想的人就是中国教育所教育出来的得力弱智。我告诉你们，你们也太小看了你自己的智商了。写文章的能力和逻辑思维能力是与生俱来的，人识字了以后加上自己一定的阅读积累，就自然会写文章了，你会说话，就会写文章。当然，写好写坏每个人是不一样的，这没办法。而逻辑思维能力更加不是算几道数学题就能得来的或者进步的，这是自欺欺人。你看人家思维缜密逻辑超凡的骗子都是没怎么上过学的，而受骗的多数都是能很快告诉你阴影部分面积是多少的。我们的教育就喜欢告诉你，人类是没有天赋的，都是教育赋的，等你从学校出来以后，你就能自然接受人类是没有权利的，都是国家给的。

在很多国家的教育里，其实也没有专门的作文一说，但似乎没听说过那些国家的人就不会把学会的词语拼起来写文章了，相反，我们国家的作文写了好几十年，但人似乎越来越不会写文章了。

回到正题，大量的阅读要比去写大量的作文（其实就是准备大量的范文去套命题）有益很多，作文不但减弱了你写文章的天赋，并在潜意识里告诉你，说违心话是正常的必需的，是生存的要诀。后者是作文唯一带给学生的好处，他让学生提前明白现实，讲真话没好下场。而恰恰是作文，毁灭了很多学生对文学的兴趣。

到最后，肯定有人要说我只会推翻，不会建设，如果大家都不写作文了，那写什么呢？这就是典型的受过教育毒害的逻辑思维能力。很简单，那就不写呗，写文章本来就是一个兴趣爱好，和种花钓鱼一样，强求不得，自然有喜欢的不喜欢的，让喜欢写文章的人去写真正的文章，让不喜欢写文章的去写情书，让写情书被拒绝的人去写日记，让喜欢写假大空作文的人去当领导，这样才皆大欢喜嘛。

关于高考作文和绝代天骄

有一条假新闻来自重庆：

韩寒昨天在记者采访时却一反常态地表示，"我从没说过高考和上大学不好之类的话，我还曾一度因为没去复旦而后悔过，但这些都不重要了。我只是说过，每个人都有适合自己的或者说证明自己的方式，而不一定就非得要通过高考。很显然，高考确实不适合我，但并不意味这不适合于大多数人。在没有找到更好的选拔人才的方式之前，我认为高考还是可取的。"

该记者根本就没有采访过我，为了证明自己文章的观点就意淫想象了和我的对话。我到现在都一直在庆幸自己没去上大学，而且我觉得高考是一定要改革的，我将继续不遗余力地说高考和大学的坏话。我很早前就说过，现如今的大学像妓女一样，只要有钱，全国所有大学都乖乖排成一排随便你点，想上哪个上哪个，愿意多花点钱甚至可以几个一起上。氛围不同了，别再还真的以为自己是天之骄子，十几年前大学生还吃香，但那一批已经是绝代天骄了。所以，还是抓紧时间学点真本领和真手艺吧。

另外，最近很多记者问我关于高考作文的看法。我的看法是，作文就是很傻的东西。高考作文肯定是集所有大傻于一身的。我们的作文讲究的是培养忠顺，而不是真性情。议论文这样变态的禁锢心智的文体势必会随着作文一起被淘汰的。在教育的目的里，作文从来不教你怎么写文章，而是教你怎么不会写文章，作文写得越好，文章写得越差，理解别人文章的能力也越差，眼光就越短浅，思维就越僵化，见识就越狭隘。于是，教育又成功地如教育所愿，把一个识字的文盲送进了社会。

我的前卫与荒唐

前几天帮徐静蕾的《开啦》写了个专栏，这是我提出来的，因为最近在赶小说，很难分出情绪去写一个东西，还不如回答问题利索点。性专栏也特别有意思，还能借此讽世。但不幸的是，由于没有随文配备翻译，很多卫道士没能看懂。比较可笑的卫道士说，这个东西要交给性学方面的专家来回答，我应该摆正心态，像上次那篇写马的文章一样，谦逊地向读者请教，这样才比较好。

这都是中国的语文教育害的。

今天看见报纸说我误导青少年，希望新闻出版署监管或者处罚。因为上期有个问题问我，"你怎样看待现在未成年人的性早熟现象，以及一些小男生小女生过早偷吃禁果？"我的回答是："完全支持理解，但需要做好防护措施。"

他们说，我的回答太刻意前卫了还很荒唐。这就是我的真实想法，你们要说这前卫也没办法，那只能说明你们太后卫了。我不知道现在的人是不是这么容易就被带到沟里去，动不动要拿误导来说事呢，我在专栏里以我的理解说男性生殖器的合适长度是20厘米，怎么没见那些专家去拉长一下啊，这说明你们还是有脑子的嘛。或者某些人本来就喜欢借光明的口干卑鄙的事。此外，《今日教育》杂志的主编说，绝大部分教育界的人士都不会赞同。

这太好了，依照我的经验，所谓教育界的专家不乏满嘴仁义道德，一肚子男盗女娼之人，什么事能得到他们的赞同肯定不是好事，就好比现如今什么电影通过了电影局的审查多不是好电影一样。

十八岁是法定的成年年龄，但我经常听见感叹说，我十九岁才开始谈恋爱。然后众人诧异他起步怎么那么晚。中国的特殊情况是，很多家长不允许学生谈恋爱，甚至在读大学了还有很多家长反对恋爱，但等到大学一毕业，所有家长都希望马上从天上掉下来一个各方面都很优秀而且最好有一套房子的人和自己的儿女恋爱，而且要结婚。想得很美啊。

　　世界上根本就不存在早恋或者偷食禁果。无论什么样的年龄，只要双方喜欢，心甘情愿，任何的感情或者性行为，都是天赋人权，那是人类最大的权利，是不能被别人干涉阻止的。这就是我前卫荒唐的观点。

小不点的大不列颠

前几天看到一个新闻，大意就是一个少年，要去英国念文学，接受纯正的英国文学的熏陶，争取早日拿到诺贝尔文学奖。我们看看一些报纸与摘要：

"巴金之后，中国没有人能称为文坛大师，但这样的情况不会太久，下一个大师也许就是我"，小学三年级开始写小说、至今已出版4部作品的山西少年作家李某昨日到成都参加雅思考试，他的目标是到英国爱丁堡主攻文学，为此他甚至没有参加今年高考的报名。李某的计划是，在英国一边研究文学，一边写作，诺贝尔文学奖已成为他到英国后的最大目标。

"我是看英国文学长大的，所以有种特殊的情结在里面，将来我会花四年的时间去尽量读完大英帝国博物馆里的藏书，希望以后能用英语翻译自己的作品让世界读者都能看见。"

　　从小到大，我一直挺佩服那些研究文学的人，虚无缥缈的文学有什么可研究的呢。可还真有人研究，而且中国现在似乎干这行的都不错，《红楼梦》和《论语》或者《三国》基本没什么人看，但研究这三个东西的人写的书大家却看得特别欢。可能跟当年看《文化苦旅》似的，拿手里边嗑瓜子边看两眼回去再跟同事掰几句，那可是相当有文化。
　　这位少年就要去研究文学了。虽然他出生在中国，但是，他从小不点开始就看大不列颠，他自己都觉得高人一等。当然，他觉得自己看的那些方块字的"哦，我的上帝，请告诉我都发生了些什么"是英国文学，那我们就把他当英国文学吧。可是你读完了"大英博物馆"（不就是英格兰的一个博物馆嘛，用说得那么唬人嘛）的藏书，和诺贝尔文学奖有什么关系呢。

我们可怜的中国作家、中国导演，已经被诺贝尔和奥斯卡逼傻了。我建议这两个奖项特设给中国的奖。如是男艺术家，可给安慰奖，如果女艺术家，可给慰安奖。每年必须准备二十个专门给中国，要不然，多少中国做艺术的人得走火入魔啊。

　　我不明白，我们有什么可遗憾的。我们的汉字的博大真是字母不能媲美的，这点我都不用说，我本人一直抗拒自己的作品被翻译成英文，到现在我的八本书，我非常自豪地宣布，我一个英文版权都没有授权过。因为我不相信有好的翻译可以把我的书翻好了。高晓松去年要起诉我，我一句"高处不胜寒"就把事情概括了，不知道这个怎么翻译。虽然一个英文版权都没有给过会少赚很多钱，但至少省了恶心到自己。诺贝尔奖我也喜欢，因为奖金很多。但如果有人说，你的作品被某个诺贝尔评委看中，只是您的中文有些地方外国人不是很理解，需要我根据英语的特点重新改动一下。我的答复就是三个字，去你的。我想如果哪天我们某个山西挖煤的老板拿出1000万美元，设立了世界挖煤文学奖，也得有很多著名外国作家要遗憾没得到挖煤奖。虽然1000万美元在国外畅销作家眼里未必是个大数字。我也相信，很多中国的贱骨头作家真的不为钱，是冲着名誉而去的。他们意淫着自己有朝一日得到奖都要偷偷笑出来。我都能看出这个作家的作品是模仿诺贝尔上届的风格，这个作家的作品是为了让张艺谋看中这小说再拍个电影，这个作家追求低点，只想要个"茅盾文学奖"。不少中国著名作家就这点出息。

这个少年以后要用英语写作了，而且19岁，写作的目的就是为了诺贝尔，并且他相信，中国下一个大师就是他自己。

年轻人，告诉你，在大师眼里，任何奖，都是小小的不挂齿的，大师行事的目的更不可能是为了一个奖，大师也不是受到一个评委会肯定后就成了的，大师更不会为了一个奖去放弃母语（以上大师称号不包括尊敬的评委老师）。虽然现在中国作家水平够差的，而且还闹腾喧哗，但不能否认中文的魅力。现实情况就是，两岸猿声啼不住，身在福中不知福。告诉你一个从新闻上看来的秘密，诺贝尔奖这两年经济上一直有点问题，说不定某天诺贝尔奖就挂了，到那个时候，您这位用英语写作的中国准大师，这个不为自己也不为读者（为读者写作其实已经够贱了）而为一个奖去写作的大师，世界观和人生观会不会崩塌呢？

想必在英国文学熏陶下的你，第一个反应肯定是：哦，我的上帝。

一些回答

最近老有记者来问我关于作家富豪榜的事，口述不清，容易断章取义，这里就作个总的回答，记者有这个问题就可以不问我了。

我认为，一个作者的版税是十分容易调查和透明的，如果哪天我闲了，也可以排一个出来。因为作者的版税是差不多的，印数是可以看到的，书价是摆在那里的，三者相乘再减去百分之十多的个人所得税就可以。

作家在中国算是个开心的行业，没有上司压榨，也没有同事间勾心斗角。不用淋雨晒太阳。这样的收入在中国这样的国情算是非常不错的。但我们可以看到，这些人这辈子写的书加起来的总和是还不如国外一个普通畅销书作家写一本书多的。我们还号称是文化大国，人口又那么多，书价相对平均工资也完全不算贵，所以，这只能说明我们书销量少，盗版多，文化部门监督不力。试想，一个十三亿人口全国最有钱的作家这辈子加起来的钱还不到一百万英镑，不是要被其他国家笑掉大牙。

所以，我希望为首的余秋雨可以赚到一亿四千万，这个行业才算正常。

至于为什么有的作家有钱，有的作家穷，这问题太没有意义。任何行当都是这样，有混得下去的和混不下去的。中国还是缺少大作家的，大作家要有好文笔和人格魅力。但从很多人的留言上，我看见大家似乎也很希望这样一个人能最后穷死。

作者是必须保持清高的，但这些只是应得的版税。我写一本书，就是这些钱，我难道该不要，送给出版社？经济保障也是清高的重要前提，饭都吃不饱，人家拿几百块钱晃晃，为了养家糊口，恐怕也得给某楼盘写诗了。我也是因为版税的保障，所以可以推辞和拒绝几乎所有的商业活动。

另外有人问，说拿这个定义文豪对不对？肯定不对，但我相信，文豪都肯定不会穷。就近一百年里，人类社会正常后，国内外能数得上的文豪大部分都是这样。

　　这和所有行业都是一样的。

文人几文

在所有的榜中，作家的版税榜应该算是比较容易做的。一个写书的，也没太多商业活动，赤裸裸的印数乘以版税乘以销量。当然，销量多少是很难算的，别说记者不知道，连作者都不知道。最倒霉的情况就是连出版社都不知道，只有印刷厂知道，比如我的《长安乱》。

统计一个作家得到多少钱，最靠谱的是从税务局去查。因为作者得到的钱都是扣税以后的，比如我，我的版税率在14%到15%，税后应该在12%多。这是实打实的，所以，建议下期的榜单由税务局来制定。以后某些出版社在号称瞬间卖了一百多万册的时候，也请把开给作者版税的扣税单示众，和谐社会，吹牛也得上税嘛。

今年的统计我有380万的收入。我觉得我的钱光明正大，所以没有什么不能说的。基本上，任何数字对于余秋雨这样性格的人，他都会说偏多了。还有大部分的作家会说，我不知道，有那么多么，我没算过呀。

作家真是性情中人，都不带算的啊。

380万这个数字对我而言的确是偏多的。我今年就出版了《光荣日》一本书，版税190多万，扣除税后是160多万。其他的老书的销售可以给我带来几十万的收入，扣税后所有的加在一起应该在200万左右。看来今年要去光荣报税了。说来惭愧，去年我都没资格去报税，就赛车的收入不幸没能到报税的标准，而《一座城池》又是前年出版的。

至于我比赛没钱用出书来补贴一说，那就是想当然了。我不是玩车，我是在比赛。玩车是花钱玩，而不管你是奔驰宝马还是保时捷，想让我开快车是要给我钱的。所以，凭借今年的全锦赛年度车手冠军，在赛车上应该有版税的十分之一的收入。同时友情提醒，国内最顶尖的车手，在最好的年头，收入都不超过100万，而且任务是全力拼搏拉力和场地的冠军，是冒着一点点生命危险的，建议想发财的不要选择这行。

看这个榜单，现在的作家都在以量取胜，而且更加的产业化。据悉，一年内，年度赚钱总冠军，中国作协会员、原创作家郭敬明出版的自己的书加上提版税的文学杂志大约有十四本。靠自己写赚300万，再靠编写赚800万，也是他充分发挥特长的体现。当然，这1100万还要扣除他的公司运营成本，这个运营成本很大，因为老板需要看到黄浦江，以确定自己真的在上海。虽然他雇的人都很穷，但古训说"文人雇穷"，所以也无可厚非。不过首富的团队似乎穷得有点厉害，导致了一些人穷则思变。

郑渊洁的全集近50本，于丹也有五六本，饶雪漫（我的第一篇小说当时在《少年文艺》就是她发表的，特此恭喜）也有很多本书。这也说明其实我们的阅读环境还不是很好，总体来说我不觉得一年写很多本书对于单个的作家来说是长久之计。但靠写作发家在这几年还是有可能的。比如这个榜单的制榜人，我建议他采访采访这个榜上的人，然后写一本《作家告诉你怎么发家》或者《坐家傍上榜上作家》，万一特别畅销，说不定明年的第一名就是他了。那将是多么好玩的一个景象。明年榜单第一名，×××，作品是教你如何排到这个榜第一名的一本书。那真是言传身教，世界级的示范。

以这个数字来看，中国的写作者赚的还是太少了，而且一个十多亿人口的国家，还是很难出现超级畅销书。我很希望以后中国能做到一本畅销书可以赚1000万，也就是100多万美元，就算这样，还是世界平均水平以下的。因为我们自吹自擂说自己是文化大国说了无数年了，文化大国的人都不大喜欢读书啊？或者就喜欢读盗版书？别告诉我正版太贵。平心而论，书在我国算是比较便宜的商品了，而且猪肉和汽油的涨价似乎还没能带动书的涨价。我记得我的书在8年前是20块左右一本，现在基本也在20块一本。别告诉我50年后还是20块钱一本，我希望等2058年，我们在迎接再一次奥运会的时候，算上每年的通货膨胀，出一本畅销书的版税200万别只够我坐飞机去一次北京的，当然，我更相信当时的机票是50万一张，燃油附加税150万。

还是希望中国早点出现超级畅销书，最好是小说，单本能卖1000万本以上的。当然是真实数据，不是出版社用嘴卖出来的。也就是说，130个人当中，有一个人会买一本。这个要求应该不过分。纵然那个人不大可能是我，我也如此希望。

中国电影

前两天听崔永元说，小时候特爱看电影，晚上七点的电影，中午就到了，一个人没有，就占了个最好的地儿，就在操场的正中间，一等几小时，人们陆陆续续来，看着丫占了一这么好的位置都特别眼红。终于等到开映前，过来几个虎背熊腰的，把崔给轰走了，说，这是放映机搁的地方。

我小时候看过不少电影，也是露天，人山人海，基本上看到的都是前边架在老爹肩上孩子的屁股。那时候放的都是武打片，飞的时候不小心还露出钢丝，而且为了不飞出意外，都是一个一个单飞，不像现在，科技发达了，都一堆一堆地飞。每次看完，议论三天，而且周围挂彩的人也相应增多。

这说明，那时候，人生活得太辛苦，没趣味。

我上学的时候，学校组织看《泰坦尼克》，我很吃惊，因为听说里面的露丝会有点露。但老师说，没关系，是经过了教导主任制作的。我很吃惊，原来我们教导主任还会剪片子。

前面那些同学看得很投入，到了露丝躺在沙发上强烈要求被画画的时候大家都不敢呼吸。随着露丝的衣服着地，屏幕一片漆黑，一只大手遮住了胶片。同学们一片哗然，原来这就是经过了制作，而且还是现场制作，太牛逼了。等露丝穿上衣服，屏幕上才重现光明，时机的掌握是天衣无缝，看来这段教导主任也是偷偷摸摸看了不少遍。

当然，最难受的是，画面没有了，声音还在。

我个人是很喜欢看电影的，但因为看的时候都在半夜，所以不炸点楼不摧毁些飞机我很快就会睡着。《阿甘正传》看了三个晚上，每次都是羽毛还没飘到地上我就睡着了。那时候冬天，市面上都是VCD，换碟是最痛苦的事情，无论是出于剧情还是寒冷。

后来去了北京，看了不少片子。印象最深的是王小帅的

《十七岁的单车》。看的时候王好像还在现场，我真恨不得上去掐着王小帅说，你不能把节奏放快点吗。看片子的会议室里冷气太足，外面四十度，那空调也不知道什么牌子的，冻得我鸡皮疙瘩一身。看完后大病一场，导致以后只要有人说起《十七岁的单车》、王小帅、高圆圆，我就哆嗦。

这片子居然被定为地下电影，遭禁了。禁的原因是出国评奖的程序不对。但是，王小帅因祸得福，让人感觉这家伙肯定特有思想，拍出了的电影都只能在国外放，中国不让看。可以说，如果没有电影被禁的事情，这也是一部匆匆忙忙冗冗长长不能给人任何印象的电影。

今年也去电影院看了不少，全是烂片。先是《恋爱中的宝贝》，看的时候还有几个人，看完后就我一个了。电影宣传的重点是周迅裸体和电脑特技。我们的中国电影怎么了。难道像我这样去电影院看电影的是想看周迅裸体的吗？就算我要看裸体，也不一定要看周迅的裸体，而且不一定要进电影院看。

片子很差，这是剧本和导演的责任。节奏尤其掌握得不好。

看了王菲的《大城小事》还是《小城大事》，我都不记得了。说的是什么全忘了。

《帝企鹅日记》是不错的片子。在看的时候我经常想，拍的这帮家伙得多冷啊。我还想到是不是剧组的各种东西很快就没电了。但是，这个纪录片有点赋予了企鹅太多的含义。有些地方明显是捉了几个企鹅，凿了几个冰洞拍的。

后来看美国导演陈凯歌的爱国巨作，《无极》。不说了。

只是，看电影的人少了。

这说明，这时候，人的生活太辛苦，没趣味。

写短点。中国的电影，缺乏想象力，没有幽默感，不少肤浅的人憋死了劲要拍出深刻的片子。电影票房不好，大家都有责任。当然，中国人本身是没有生活情趣的。中国人的情趣表现在圣诞节排队排到十点钟吃一顿伪西餐，然后这一年就算做了一件有生活趣味的事情了，又开始没趣味的生活。这事情，是这个国家几千年来的习惯，谁都没有办法改变。我们的电影，最近是不可能繁荣的。

我们的导演，图个自己开心。

我们的编剧，写死不能出名。

我们的电影，最高这个水平。

我们的观众，也就这个操行。

我们的资方，收益基本是零。

我们的人民，永远不能脱贫。

关于马的若干问题

我最近考虑在老家养一匹马，有些问题不是很明白。

第一，国产伊犁马价格便宜，进口马要贵大概十倍，但是，同理，在国外，比如美国，是不是进口伊犁马要比美国国产马贵十倍？

第二，在上海，有一种郊区使用的牌照是沪C牌照，这种上海牌照，除了不能去上海，其他哪都能去，我如果买了马，但不要去市区，能不能上一张沪C牌照？

第三，是不是前面后面都要挂一张牌照？马尾巴遮住了牌照算不算故意遮挡牌照，要扣马？

第四，如果不挂牌照，电子警察拍照发现一匹超速的马，怎么处理？中国的道路限速真够合理的，连牲畜都能超速。

第五，我把马拴在路边，会不会有警察开一张违章停马的单子贴在马脑袋上？我去处理的时候凭驾驶证还是发票？我停马的时候占了一个车位要交停车费，但如果我把马停在两辆车中间，不占车位用收费吗？

第六，我能不能把马拴到区政府那里的大片草地去吃草？中国也就政府门前草比较多。为了回报，我可以让马每日都在那里拉屎，也就是马日拉，来肥沃那里的土地。

第七，一匹马是不是只有一匹马力？如何改装？

第八，马能不能骑上马路？如果不能，那为什么那个叫马路？

第九，公马能不能骑上公路？

第十，我已经有了血汗宝马，以后有钱了有没有必要买一匹汗血宝马？

第十一，马要不要天天洗澡？如果自己洗太麻烦，可不可以到洗车的地方洗，十块钱一次？要不要打蜡？

第十二，马的蹄子是金属的，在水泥路面上快了肯定要打滑，控制得当能不能漂移？骑马甩尾可行否？注：甩尾不是甩尾巴。

　　暂且这些，希望有识之士的解答。

公民韩寒的交通问题

牌照

上海的汽车牌照价格越来越贵了，9月份私人车辆牌照拍卖平均中标价达到49600多元，创下历史新高，这个价格已经可以买一辆经济型小汽车了。政府的理由是为了控制市中心的汽车流量，缓解交通压力。

我认为牌照拍卖这个制度只能说不合法但合一定程度的理，关键是我们是很善于打着造福人类的幌子干一些别的事情的。改善交通情况当然是个理由，也有实质的一点点效果。但是，如果什么社会发展矛盾都只需要靠大量收费来解决，那政府的功能就未免太简单了。

另外，一说到要缓解城区交通拥堵，就说已经优先发展公交了，就要提高汽车停车费，限制私家车出行，为什么管理部门却对庞大的公车（公事、领导的私事、司机的私事等，这些任务都得靠公车去完成）不管不问？消费者买车缴税，公务员是用消费者交的税买车。

我甚至觉得，交通压力和堵车，这就是代价。在大城市，我们为什么一定要求高峰时候交通通畅呢？全世界的大城市都会堵，堵得比北京和上海厉害的多的是，一方面靠发展道路和大家交通意识的自觉，另外一方面，这就是交通的代价。没有办法的。

还有，外地车在上海使用，虽然在车牌发放登记地交过养路费，上海还要征收养路费。这其实是地方利益作怪，用于限制车辆上外地牌照。我建议外地省市效仿，凡上海车牌照也征收养路费。这样好，亏的是个人，富的是财政，假装功德无量。

驾照

今年4月1日公布的《机动车驾驶证申领和使用规定》，并没有说考驾照必须通过驾驶学校报名，但各地的车辆管理部门出台的各种规定和条例，却以不安全为名，要求自学者出示培训记录，拒绝接受自学者报名。

为什么考驾照还非得通过驾校、交培训费呢？只有上了驾驶员培训学校才会有记录，自学驾驶技术是没有的，这实际上是将考驾驶证和上驾校强制捆绑在一起。为什么不让自学者报名参加驾驶资格考试呢？这完全是人为增加老百姓驾考成本，让一些利益部门通过垄断牟利。

我们国家不一向鼓励自学嘛，他们担心的也许是：万一你不知道从哪里学习到了反动的驾驶方式怎么办？

另外一个问题是，驾驶学校为什么不教汽车驾驶员在停车开门时候看一下后视镜？我见过因为驾驶员停车就直接开门和自行车、摩托车、电动车相撞而导致事故发生的。

还有，如果在高速公路上发生事故，如果能走动，请立即下车离开。很多高速事故就是因为人留在车里定定神回味回味的时候，被后面的车辆追撞导致死亡。

不教这些常识，这也许说明我们的学校用心良苦，相信实践大于理论，撞一次就永远记住了。但这些常识，是可以救人命的。

路牌

上海的路牌学习国际化以后，用A1、A2等名字来命名境内公路，与全国不同，路牌上却没有哪里到哪里的说明，外地司机根本就不清楚某条路是哪里到哪里的，只好在十字路口冒着危险拦车问路。

我估计路牌国际化是某领导出国考察的丰硕成果。建议外省市也这么干，让我们上海人开车过去的也问路，这样有利于增进各个地方的文化交流。怕什么，只要领导的司机认识路就行了，因为国外一些城市都是这么干的。

防护栏

2月14日我在沪杭高速上看见一个车祸，一辆轿车和卡车追尾，车内两人应该没有生还的希望。我在高速路上见过多次因为卡车没有装防护栏而导致追尾的小汽车驾驶员丧命的。卡车的尾厢高度面对的正好是轿车最脆弱的挡风玻璃处，这让作为缓冲区的车头完全不能起到保护作用。

在很多发达国家或者不发达国家，卡车是被要求强制安装防止轿车追尾时候钻进车底的一套防护装置的。卡车的追尾保护装置很简单，就是一点铁皮钢管的事，将卡车车尾本来离开地面一米的空间缩小，让其他小车撞击时候车头的缓冲区可以利用到，而不是直接铲到车厢。成本相当低，也就百来元。

这个防护栏在欧洲强制使用后，事故后生还率有很大提升。虽然对于交通部门推广防护栏收益很少，完全不及加个什么税、收个拥堵费多，但毕竟是对生命的很大保护，应该将其强制实施。如果不装或者不合格的，应该罚款责令其马上装上去和改正。

是不是装一个要好几百呢，撞死了反正一般都是追尾，后车全责，所以不用赔偿。但退一万万步说，咱们的领导们，坐的也都是轿车，对不，保护领导，义不容辞。谢谢你们。

规定

现在一些地方出台了禁止老百姓开摩托车、电瓶车的规定，更早的荒唐规定是骑自行车不让带人，理由都是不安全。这些老百姓买不起自行车，公共汽车服务又不到位，大家只好买小汽车，让本来拥挤的道路阻塞得更拥挤。

摩托车、电动车、自行车等私人交通工具的使用是公民的基本权利，是必须要开放的。就算出了意外或者一些交通的混乱，这也是代价。代价是必须要付的。而且我奇怪的是，既然你在这些城市不让上路，那怎么在那些地方又让卖呢？

停车

《中华人民共和国交通安全法》第五十六条规定："机动车应当在规定地点停放。禁止在人行道上停放机动车；但是，依照本法第三十三条规定施划的停车泊位除外。"这条规定让驾驶员吃尽了苦头，他要么车停在收费停车场，要么停在非法停车的地方。

与中国的《交通法》这条规则相反，英美国家的规定是，除了交通管理部门在某地安放"绝对不能泊车"或者和"短暂停留可以"的标志牌和在十字路口、公路转弯30米处不能停车外，其他地方都可以停车，这已经成为通行的国际惯例了。

问题是我国的交通管理部门并没有在收费停车场之外的地方，悬挂不能停车的标志，你能够把收费场以外的地方都悬挂上不能停车的标志吗？我认为只要不妨碍到别人，驾驶员就可以停车。但为什么交警却往往对停在这些地方的机动车贴"违章罚款单"呢？

前几年，包括现在一些地方也很夸张，我说的是公安或者交通部门，有时候你违章了要去这些单位缴罚款费，但发现车不能开进去，你就把车停在路边，出来又是一张罚单。

号码

我国的《公路法》第五十三条规定：造成公路损坏的，责任者应当及时报告公路管理机构，并接受公路管理机构的现场调查；第七十八条规定：违反本法第五十三条规定，造成公路损坏，未报告的，由交通主管部门处一千元以下的罚款；第八十五条第二款：对公路造成较大损害的车辆，必须立即停车，保护现场，报告公路管理机构，接受公路管理机构的调查、处理后方得驶离。

车辆在公路上发生事故是难免的，其中很多事故会对公路造成损害。在车辆参加了保险的情况下，绝大多数驾驶人员都能够及时拨打"122"报警，接受交警部门的处理。但问题是当事人在拨打"122"报警的情况下，可能因为没有履行《公路法》第五十三条规定的义务，给交通主管部门打电话报告而因此遭到处罚。

"122"电话号码全国统一，完全免费；公路管理机构却没有统一的报警电话号码，一个外地司机在他地发生事故后如何向公路管理机构报告？经常有当事驾驶员因此被罚款。我们的很多交通监督的设置，很多是想了很多办法挖个坑让你往里面跳的。

而且你撞了一些交通设施你就知道有多贵了，我相信你能用这个价格去外面买到五倍类似的东西。但是不让，你就得赔给它。这就和你在五星酒店弄坏了东西赔偿的道理是一样的，这说明了我们已经具备了五星级的享受。

中国路不多，但世界上大部分的收费公路都在中国，连"国道"都是收费的。虽然我们买车交了购置税、增值税、关税、消费税、养路费、车船使用税，甚至某地的牌照钱。我庆幸的是，我家门口那条路还没有改成条高速公路，不然出门都要收费了。

盒饭

现在，高速公路为驾驶员提供了很多服务，比如建立了休息站。但这些高速公路的休息站物价极贵。我到上海的路上，在新泰休息站吃了一顿饭，20元一位，一共将近20个菜。远远看，餐厅上面的照片都是大闸蟹和红烧肉，走近一看食物的实物，春意盎然，绿油油的，一点肉也没见着。

除了吃饭，高速公路休息站里的商场也都很贵，快和飞机场有一拼。按照我的经验，在休息站的餐厅里吃的东西，外面也就卖5块钱，也就是说在休息站里贵了4倍。难怪那些卡车司机都宁愿吃泡面。唯一比机场厚道的是吃完饭再出发的时候不用交休息站建设费，还有上厕所不用交钱。

命

最高法院院长在今年的两会上表示，将解决因法律规定造成车祸丧生因为户口不同而造成的赔偿高低的问题。但这个问题到现在过了好长时间了，也没有看到结果。我看到一则新闻，同一辆车因为发生交通事故死亡的两人，赔偿金额相差了一倍多：一个是四十万，一个二十万不到，原因是他们一个是城镇户口，另外一个是农村的。

一次我回老家的时候，一个老乡被车撞死了，一家人非常悲伤，我打听了才知道，原来他正办城镇户口呢，还没办下来，就出车祸了，赔偿的钱也打了折扣，真是想想就悲，悲上加悲。

我觉得，撞死城里人撞死乡下人价钱不一样就只能证明我们这方面的制度太不合理，人的生命分三六九等，如何和谐社会？和谐社会，大家生命一样贵。

赛车

老是有在大街上飙车的叫嚷着要和我比赛，我一概拒绝。我觉得任何车手都不应该在街上开快车。在赛道上你滑出去了，只是扫了一棵树，如果你在路上，比如在三环路、建国门，你滑出去了，扫到的可能就是一片人。

街道飙车是没有任何技术含量的，不就穿穿挡子吗，也不能练习对车的控制，因为赛车就是将车在失控和不失控的边缘进行控制的艺术，而飞街说穿了就是变变道钻钻挡的小儿科技术，没有驾驶乐趣。

我小时候也在街上飙车，应该是北京最早的一批人，就没输过，觉得自己特牛。但我是个有责任感的人，后来去参加了正式的汽车比赛。这些飙车小孩的判断力和车感都是不错的，完全可以来参加正式的比赛。

我们车队有POLO杯的新手赛，全国拉力赛也提供租车服务，据我所知，凭借他们的家境，这些都不算负担。在空地上转转圈哪叫漂移？那叫狗咬尾巴，也叫浪费轮胎！拉力赛到了封闭高速的砂石路面，三米多宽的路，旁边就是四五十米的垂直落差，车头对着山壁漂移，那才开心。

我很讨厌一些伪赛车爱好者，明明是自己没心去做，就满足于开车在街上蒙混胆小女少年的，也请不要说的好像中国的比赛门槛有多高，多不接纳自己于是选择了飞街似的。要飞街，就痛痛快快飞，并大声宣布，我就是喜欢飙车飞街，不要打着中国赛车的名义。当然，如果能最后想明白，飞街危害又大，又不好玩，还是正规赛车好玩，那我相信他能成为好车手。来吧，说不定中国赛车的黑马就在你们当中呢。

狗和车

今天回了老家去修摩托车，在马路上看见一条狗被车撞了，暂时没死，狗的主人将狗抱了回去。因为老要开车去各种地方，亲眼目睹的车祸比较多。不算双车事故，我大概一共亲眼见过十次汽车撞到人或大狗，五五分成。

我发现在我目睹的驾驶员中，所有人下车第一件事情，就是看看自己车伤成什么样了，至于狗的死活没有人管。

报警

我是一个经常报警的人，而且都是确信眼前发生的事情自己无法帮忙的时候报的警，不过，出警速度和接线员的态度都让我非常汗。

几个月前在上海定西路买东西，眼前一人骑着摩托车就飞了出去，我就在那人边上，过去初步检查了一下确信那人是大腿骨折，但没办法确认腰椎是否有问题，就让那人躺在原地，我拨了110，在电话里说得很清楚是需要救护车的。在上海的闹市区，110的摩托居然过了二十分钟才到，警察看了一眼，再用对讲机叫了救护车，等那人抬上救护车差不多已经摔了一个小时了。幸好只是骨折。我一个朋友在沪宁高速上救人，叫的救护车过了将近一个小时才到。以后要是有重伤的，还是直接说遗言比较靠谱。

几年前，有一次我开车在路上发现一辆车翻到了河里。当时是半夜，我不能确定这事是刚发生的还是早就发生的只是在等天亮再拖车，只好报了警，接线员问我在哪，我说我只是知道自己是在×××国道从××地到××地的当中，接线员问我是几公里处，我哪知道是几公里处啊，两地隔开也就5公里，我就在路边等着，只要来个巡逻车就能看见我了。但接线员明显不耐烦了。

关于地点的问题，我已经被110奚落过很多次了，有时候晚上开车，发现要自杀的人或者地上有个大坑的，我真不知道这是哪，我只能尽量说到详细，至少我知道这是某公路，但你老要问我是几公里处我真的很为难。

你为什么比我贵

今天看到一则新闻，同一辆车因为发生交通事故死亡的两人，赔偿金额相差了一倍多。一个是四十万，一个二十万不到，类似的新闻看到很多，全是死在同一辆车中，但赔偿金额天差地别五花八门，原因是因为农村和城镇户口。

中国这几年出台的很多法律法规正朝着以人为本的美好愿望发展，比如最近的消费税，虽然某些细则稍显幽默。俺从很小时候就听说，必须得有城镇户口啊，上学或者混饭都要容易很多。户口本身就是一个很滑稽的事情，俺文化程度比较低，不大明白为什么在户口本上一定要标明你是住在镇上的，他是住在村里的。从俺们这种低文凭的人的最简单理解上，这就是给恋爱婚姻制造麻烦。后来俺因为搞文化产业，骗城里人钱，暴发了，不少人问俺借钱，说要去买城镇的户口，因为无论看病、就业、社会保障、骗外地打工妹、勾引城郊接合部的姑娘、被车撞死、被雷劈死等都占很大的便宜，总之，虽然投资大，但收益也很大。

俺小时候在农村长大，凭借农民的体力优势，体育特招进了市重点高中，但因为终究根子和城里人不能比，退学了。俺手里唯一的文凭是初中毕业证，后来眼瞅着赛车不用文凭，俺就凭借早年开手扶拖拉机的经验，开赛车。俺回老家的时候经常看见俺以前偷过西瓜的田地被政府卖了（领导需要桑拿，小化工厂需要土地），俺以前伙伴的房子被政府拆了（折合几百块人民币一平方米，但好处是给你换成城镇户口），都纷纷成为城里人了。

农民很难偷税漏税，土地和收成摆在那。如今取消了农业税，相当好，当然，在俺周围，就算不取消，也快没人种地了，或者就算想种地也没地了。一亩粮食值多少钱啊，把地卖了多爽快，咱圈个开发区，拉一批小破厂，围绕一条河，以毒死鱼虾为原则，以周围的地长不出粮食为底线，业绩和公款吃喝都是要钱的。

俺们现在附近镇上的发展趋势是，一年圈一片地，两年吃一个亿，三年全农转籍，四年全换奥迪，五年物种变异。

　　相当的科学啊，比如俺老家旁边的小河，一周就有七个颜色，基本上看一眼就知道今天礼拜几。周围某些植物，相当有特色，没有叶子或者不长果实，为以后发展观赏农业建立了得天独厚的条件。就盼着河里能快点变异出澳洲大龙虾了。

　　俺觉得，撞死人不同价钱是合理的，世上就没有公平，很多人想创造公平，因为很多人本身觉得自己高高在上，你撞死一个流氓混混和撞死一个演艺明星（这两者有区别吗）自然效果不一样。

薄薄两毫米，总有一款适合你

一般所有的事情，我就说一遍。然后对后事充耳不闻，假装潇洒。某些东西不光光是某些东西，代表了中国的整个东西，就多说一遍。

有网友说，"无极生太极，太极生两仪，两极生八卦，八卦生六十四相，六十四相生万物，无极乃最高境界。"这话并没错，尤其是这么一推算，无极还真生八卦。但这话似乎说的不是电影《无极》，这名字叫什么和片子怎么样是没有关系的。叫名著的不一定是名著。我身边不少叫姓×名俊的都长得不英俊。

我发现有一个很有意思的事情，包括我在说福娃的时候，很多人觉得这是别人多少年的心血，怎么能这么不尊重人家的劳动成果。这点我很不能理解。首先人家做的事情不是公益免费的，其次，一件事情做出来的好坏和他花了多少心血是没有关系的，如果不想被人说，可以躲在家里捏三年橡皮泥。况且，片子拍了三年的意思是，整个过程持续了三年，三年里，自然有很多别的其他事情，就好比恋爱谈了三年一样，不是直接拥抱接吻了三年。

而这和不尊重别人的劳动成果更没关系。所有公司的倒闭，所有犯罪的产生，都是劳动的成果。包括我的文章，也是我的劳动成果，没有道理说，十年的心血必须珍惜。这年头，好心干坏事的都不少，更何况不安好心。

陈红对记者发怒说，人家《无极》还没上映，你怎么可以说《无极》万一不好怎么怎么样。这就像孩子的满月酒，怎么能诅咒这孩子呢。

陈红说得没错，但关键是，孩子是孩子，电影是电影。世间比喻，粗一想觉得挺精妙，细一想全是在偷换概念。孩子是两个人的事情，电影是很多人的事情，尤其这样一部电影，很多程度上代表了中国电影。

有人说，这个片子要去评奖的，所以我们要口径一致。

我想，电影归根到底是一种娱乐，我们连不买日货都没有口径一致过，何必要为了这么一个电影团结对外。中国人的团结精神不在关键时刻是不会用出来的，而且关键时刻用出来的，八成就是大家一致逃啊。况且这口号也太没必要，我们都违心叫好和片子拿奖是没有关系的，免得外国人还以为我们中国人就这审美水平。商业的事情不要打着爱国的旗号，比如以前F1说要搞个中国队之类的，好像你不支持人家代表中国赚大钱的话，你就是卖国一般。况且听说人家已经不是中国国籍了。

再说陈是传说中的大师，大师还用参加评奖吗？大师是应该自己造个奖颁发给别人的，就叫大师杯吧。

以上纯粹是我个人的唠叨，和陈凯歌一样，我是一个很喜欢听表扬的人，但所有的批评谩骂都无法影响我的言词行动。大家批评我的同时不要把某同样心直口快的人拖下水，我是行外人，说什么都可以。但我都不好去评论我认识的人赛车的水平如何。别人能做到这样，已经是直率，况且人家也没说什么不好啊。

同时，大家不应该受我蛊惑不去看电影，万一正合你胃口呢，万一你被那神一般的馒头感动了呢，万一你觉得纵然河水逆流、时光倒退你也不愿意退票呢。电影只是胶片，薄薄两毫米，总有一款适合你。大家都应看了以后评论，不要听我的一家之词。

踩死人总是不对的

我身边朋友说，被金刚感动得哭了。

这事是不对的。被《金刚》这电影感动得哭了没什么错，但因为这猩猩哭了是错的。

电影是很不错的，节奏，特技，细节，配乐，演员，都很好。

但是，为这猩猩哭什么呢?

男人为这猩猩哭就更加没道理了，假若真有这猩猩，作为男人的我们，也就被踩死的命。人家猩猩又不喜欢你。

猩猩不小心杀了这么多人，这事就是不对的。喜欢一个姑娘不能成为赦免的理由。

倘若金茂大厦上爬了这么一个踩死很多人的猩猩，我等自然希望他被降伏。不管什么理由。我们不能美好地希望把它关到动物园里。

全世界，只有一个人值得为猩猩哭，就是里面的女主演。其他女人，也就被猩猩拿起来看一看再被扔掉的命。

女人也不能以猩猩来要求自己的男朋友。我们也有很多猩猩不能的本领。猩猩就不能MSN。女人不能因为自己男人不能和恐龙打架就对自己的男人失望。我们要想到，导演猩猩和恐龙打架的，是个男人。

猩猩是一定要被击落的。电影院里那些看见猩猩把飞机打坠毁了就鼓掌的人，心理都是不健康的。飞行员上有老，下有小，牺牲了还要被观众叫好，这什么世道。这一切就因为一只猩猩喜欢上一个姑娘吗？

况且，姑娘未必喜欢猩猩。假设，猩猩是我的最爱，但被飞机打死了，掉下了帝国大厦，我等应该当场殉情。但是，女主演非但没有当场殉情，在猩猩尸骨未寒，甚至还没有掉到地面的时候，就和另外一个男人拥吻了。这只能证明她对猩猩的，不是深爱，甚至不是爱情。

就算和猩猩生活在岛上，也未必幸福。姑娘们想想，你看着自己的男人一堆大便比自己还大一倍的时候，你会幸福吗？吃什么啊，想扯淡了怎么办啊，这些都是问题。性生活怎么办啊，女方最后肯定要跑到土著人那边去偷情。这才是悲剧啊。况且，猩猩那么多毛，从不洗澡，还经常运动，势必很臭。看一次夕阳就行了，还真天天看啊。

这一切，只能怪猩猩爱错一个东西。世间悲剧就是错爱。

还要怪人类打扰了猩猩。这是代价。

但是，踩人总是不对的。要现实，要现实。生活就像女主人公的内衣一样结实。

永远不要觉得金刚的爱要胜过你身边陪你看电影的男人。

别这样

　　前几天有一位深圳来的姑娘一直在我老家的门口徘徊。我遇到了一次，我说不认识她。她幽幽地看了我半天，眼神隐忍，说，你是说真的吗，你真的不记得了吗？

　　这话把我吓了一跳。我用力搜索记忆，确定自己实在是没见过。就算灯再黑我也记得啊。

　　我说，是不是谁和你在网上聊天，冒充我，然后把你骗来的？以前就发生过这样的情况。

　　她说我在十四岁那年去湖北找过她。

　　这下我确定我是真的不认识她了。因为初中三年我没出过长三角。

因为实在天黑地冻，我老家又在乡下，我开车把她带到了镇上，说我一会儿有事，我可以帮你找个酒店你先住下，明天你就回家，或者我叫个车把你送回上海。姑娘说话很答非所问。我说我给你点钱，她说不用，她带了好几千出来。我说你带了这么多钱，那我就放心了。然后我给她留了一个我家人的电话，说遇到什么危险或者麻烦可以打这个电话。后来姑娘下车了，下车还故意幽然地把纸条丢在车上。

临走我说，我真的不认识你。她说如果真是那样，那以后那些不好的事情就可以当做没有发生了。

我听得很莫名其妙，但还附和安慰说，那就好，那就没发生过。

然后她突然说：不对，你说话的逻辑有问题。

我问：到底发生什么不好的事情了？

她说：那个给你留言的人，真的不是我。

反正到这里，我的大脑是不够用了。

后来我有点后悔，觉得她说自己带了很多钱是胡说的。

第三天她又来了我老家，我母亲把她送到了镇上。临走她把自己的钱包像上次丢纸条一样又落在我母亲的车上。

钱包里没什么钱，从证件看这位姑娘是深圳大学的。不知道现在这人怎么样了，虽然我不认识她，但毕竟是来找我的，我不希望她出什么危险。我知道她应该会看我的博客，因为她反复对我说，那天来博客里留言的那个叫"哈蕾"的不是她。所以，如果你看到了这文章，请记住，你的钱包在亭林镇的派出所，我韩寒的确不认识你，我的女人我肯定记得。反正你知道我家在哪，如果没有路费和住宿费用，我可以委托家人帮助你。但千万不要继续追问我"你为什么会这样，为什么这样对我"类似的问题了。我还想这么问你呢。我十四岁的时候的确没去过湖北，梦游也没游过那里。

另外，你说到的"哈蕾"是我书里的女主人公名字。你可能把自己想象成我书里的女主人公了，但我不是书里的男主人公，是我创造了他们，所以说，我是他们的爹，爹都是很现实而严酷的，你明白不？

我不能，我没有

这一年，看了很多留言以后，发现我们的很多国民真是非常奇怪。

我说，在你懂得爱以后，和你喜欢的人做爱是天赋你权，别人不能干涉。很多正派的人说，不行，我没有这个权利。并且反问我说，如果6岁的你儿子搞了3岁的我女儿怎么办？你真是难倒我了，我脑子里从来没想到过这样猥琐的假设。

我说，写作其实是你们的与生俱来的才能，会说话以后每个人都会写文章，不是靠在学校写作文练出来的。很多正派的人说，不行，我没有这才能。并且反问我说，你如果没学过写作文，怎么能把词语连成句子呢?

我说，逻辑思维能力其实不是数学带给你的，是你作为一个人生下来脑子里就自带的。很多正派的人说，你放屁，我不自带，我是知道了阴影部分面积之后才掌握了逻辑思维能力的。

你们真是连自己都看不起自己啊。

总之，当有人告诉你，你有这权利，你有这能力，人们都会说，我没有，你别毒害人。

但是，也有例外。比如以后有人说其实大家是可以说"不"的时候，大家肯定会欣然接受。不过只限于对那个人说不。

记一件奇怪的事

前天半夜两点我开车回家，在我家那国道的××段的8公里处（这个就符合110标准了），发现有六七个人在马路上长跑，我很好奇，就慢了下来，他们突然对我喊，小偷，前面有小偷。我想，这要是报警肯定来不及，而且部分警察抓平民很拿手，抓小偷就不行了。

于是我放远视线，大概在三百米前方有个黑影正在跑，我马上加油追了上去，发现前面在跑的这人背一书包，手里拿一路边捡的小木棍，中长发，艺术青年流浪型，猛一看还以为是朴树在做奥运火炬传递的公益活动。我从车里取了防身武器1号和3号，劫他下来，我说，干吗呢，站住。

结果那哥们已经跑得连站住的力气都没有了，还差点被我的口水给喷倒，他断断续续对我说，你没看见后面抢劫吗，他们六七个人要抢劫我，我跑了好几公里了。

我从车里掏出望远镜往后一看，后面那些人也跑得不行了，三个跑不动了，剩下的叉着腰在慢跑。

我当时就晕菜了。这事太怪了，按理说小偷也不应该一直沿着路灯通明的国道跑几公里，当时国道上的汽车和下夜班的自行车人也不少，这摆明了是等被抓，而旁边都是漆黑厂区和农村，往边上一窜就不见了。但六个打劫的也更加不至于在繁华的国道上追着三百米外的一人去打劫。我断定我的智商处理不了这事，回头一看，这么远的安全距离，谁也追不上谁，就说，成，那你们就继续跑吧。

然后我就开车走了。开了一公里不放心，折回去看了一眼，发现两队人都改竞走了。这恩怨是太怪了，我给选手们送水的心都有。我到现在还没想明白是怎么回事。

脆弱的生活

一些朋友抱怨得要死，说没办法登陆MSN了。

我前天晚上最后一次登陆，成为绝唱。

看来一场不大的地震和地壳运动就可以摧毁这些东西。

包括房子。

有人觉得拥有这些是安全感。

这下傻逼了吧。

一场非地球灾难级别的自然灾害就能摧毁的东西，如何带来安全感。

看来，真正的安全感是内心的安定和有饭吃。

上次断了一根海底光缆，美国人修了十几天。

这次断了十根，不知道中国人要修几天。

我对这些都没依赖。这还算小事。

这年头如果全球手机和电话通讯出了问题，人不还得疯了。

这点真得佩服古人。拜师学艺，十年不归。

所以古人要生几个孩子，娶几个老婆，有备无患啊。

以前我就奇怪一些人，有MSN了还要装QQ。现在知道了，就为了这次地震啊。

但我还是不需要了，本来也没几个人聊，大部分时间就收信。

趁电话还能打，只能这么联系了。

看来我周末一直和小时候隔壁邻居们玩是正确的。古人不就这样吗，走三步路就能喊到。

看来百步之内比千里之外要好很多。

同学聚会

上周六和我初中的同学聚会。因为我没文化，学上得少，所以同学普遍比大家要少两批。高中同学聚会对我来说是比较费脑子的，因为我念了两次高一，都只有一年，每次进门前都要拉一个熟悉的同学偷偷把其他名字给问齐了，要不然叫不上来影响恶劣。初中相对好点，毕竟满了三年。

这次的同学聚会安排在原来的班级，还请来了班主任蔡老师和彭老师。我赛了四年车，中风中浪里也算过了七八年，觉得自己的心理素质很不错，但在楼梯上看见蔡老师的一瞬间，还是腿软了一下。看来很多小说和电影里一直强调的"童年的影响"还是有根据的。为了不罚站，我本年度第一次参加活动没迟到。

这次一共来了20个女同学和9个男同学。当年我们班级是特色班，我第一次中考考了三门总分273分，平均91分一门（满分100分），我回家兴高采烈告诉父母，肯定进年级前十名，结果排名出来是班级第四十二名。从此以后我就自暴自弃了。

9年以后，我突然发现，其实我们班级的女同学还是普遍很漂亮的。依照现在我见过了许多美景、许多美女的标准来看，都很不错。奇怪的是当年我怎么没发现呢？可能当年我的注意力全在我的隔壁班级，十三班。当时我信奉兔子不吃窝边草，然后老师为了更好地监控我，又把我的座位安排在第一排，所以好马不吃回头草。现在想来，真是毫无意义，我既不是兔子又不是马，两个莫名其妙的动物吃草的癖好关我什么事。

开始的活动内容是抽到的同学上讲台抽题目，按照题目内容回答问题或者做完成一个动作。我一直没被抽到，两位主持看着不爽，说我一定要主动上台抽题献丑，结果我上台抽到的内容是，你有权问现场任何一个同学问题和让任何一个同学做一件事。

吃完饭，组织者建议玩杀人游戏，提出去小公园的亭子里坐成一圈玩，我一时没弄明白是什么路子，连一直寒的我都觉得有点寒。后来改在KTV里进行。我打电话问我父亲本地什么KTV大点。因为我们小镇很破，没什么正规唱歌的KTV，所以很害怕到了KTV要派发小姐，我们29个人，发29个小姐，58个人一起玩杀人游戏，而且小姐又全穿一个样，玩游戏难度有点大。直到进了门我才放心，因为我们这里实在太破了，连小姐都没有。

刚要开始，我事先咨询过KTV场所的父亲又打来电话，说，陪唱的小姐一百块钱一个啊，不用多给。

从小费就可以看出我们这里的消费水平的确不高。

写到这里，突然想起来，我妈应该不会上网吧？

杀了几局人后，开始陆续有人回家或去约会。这让我想起了几个小时前彭老师临告别前的叮嘱，说我们班到现在才一个人结婚，所以要加紧了，千万不能放松，务必早点结婚生子。

我想，这话要是说在九年前，那就更有效了。但我们初中十三班的结婚率的确算很低。为了证明这点，我说了一句到现在我也想不明白当时是怎么想的话——"大家看，我的高中同学，已经有不少都结婚了，初中是三年……那我的高中同学应该都比你们小三岁吧，都已经……"

大航海时代

　　这是好几年前我特别喜欢的一个游戏，而且喜欢到居然没能玩一次。因为我记得那时候我家的电脑是286，内存就1个MB，运行的是DOS，还不能装WINDOWS，后来家里把电脑升级成了所谓386，内存有了足足4个MB，但还是不能运行这游戏。因为显示屏是黑白的。之所以特别喜欢这个游戏，就是因为他的名字好听。

　　今年曹可凡的朋友小黄找到我，问我能不能去十月份的中国杯帆船赛玩。十月正是各个赛事都喜欢的日子，19、20、21正好是我场地锦标赛上海站的比赛，冲突得很严实。后来又碰到了中国杯的组织者，几年前从欧洲买了艘帆船然后直接开了回来的老罗，所以前几天趁没有比赛去深圳玩了一趟。

去深圳前把航班号发给了老罗，半天没回应，中国移动经常有这样朝发夕至的事情，所以我也没在意。结果第二天，北京的罗永浩给我发了个短信，说，你昨天发我的那个代号是个啥子？

一天多的时间，去海里玩了玩。我从小就很喜欢大帆船和摩托艇，但是因为实在离得遥远和始终学不会游泳，就没能研究。这次的中国杯之行解决了从小困扰我的一个问题，就是比如A和B住在两个地方，我从AB之间的一点开帆船去他们那里，但是不是风往哪吹我就去谁那啊！

另外我问老罗，你们这比赛的时候万一连一点风都没有那怎么办？那观众岂不是都要等到中风？

以上问题不提供答案。老有读者问我博客里的歌是什么，是张艾嘉的《风儿你在轻轻地吹》，正符合中国杯的要求，为了巩固，今天把歌换成张国荣的《风继续吹》。

去海里玩真是很开心的事，回来以后我决定在老家旁边的臭水浜里先把游泳学会了。当然，和赛车一样，很多人都觉得帆船赛是奢侈的比赛，不是平民比赛，但事实上，只有平民的运动，没有平民的比赛。任何运动到了竞技级别，都是职业运动员的事了。和中国赛车一样，帆船赛也正起步，希望深圳的中国杯帆船赛举行的时候能有风，但别像中国赛车一样抽风。

凶残的撞击

侯耀文先生去世了，这个消息很突然。我很喜欢他的作品，愿他一路走好。看了一些悼念的文章，突然想到，肯定会出来那么一个人，借着侯先生去世的名义，把前两天谢东的事情联系起来。我一直想看看是谁又会在那里自作聪明，结果是董路http://blog.sina.com.cn/u/46e815bb01000a2m。

我觉得，借刀杀人借题发挥这样的事情要做得高明。你这不光是假道义，还是假悼念。侯先生已经不在了，没办法说话，自然你爱怎么联想就怎么联想了。提倡写文章不可以用脏话的董路说道，去他妈的娱乐，去他妈的八卦。并且煽情道——怎样的一颗心脏才可能经受如此凶残的冲撞？！

心脏病是夺去侯耀文生命的罪魁祸首，但我以为"八卦新闻"至少也是"凶手之一"！！

我觉得，老百姓的日子过得也都不容易的，赚得少福利低，儿女养老房价医疗教育有一堆的麻烦，大家的心脏都在经受着"凶残的冲撞"，侯先生是相声界的大腕，在江湖上观风看雨了这么多年，你这么以为岂不是太看不起侯先生了。所谓名人，去承受些非议是必需的。我比赛前总有不少人在我这里留言祝愿我车祸撞死，我若真车祸死了，那也和他们无关，是我自己撞死的，不是他们说死的。一个人心脏病发去世，你给人假设了一个诱因，企图让活人都指责你假设的诱因，来满足你自己的个人喜恶，太假君子真小人了。

你也没少说朱广沪，朱广沪的心脏正经受着"凶残的撞击"，如果朱广沪死了，算不算被你逼死的？

小报告和胡指导

最近看见黄健翔辞职了。不知道真的假的，说是因为有人打小报告。原来小报告是不分年纪的。我以前就老挨小报告，害得我自己居然还打过几次小报告。打小报告是作为男人最猥琐的事情之一，对付小报告的办法有两个，第一就是暴力解决，见一次揍一次，让你大报告不做打小报告。我要是黄健翔，我就去打那打报告的，很公平嘛，上天给大家打一次的机会，你打了报告，我打了你。第二就是选择没有上级。这两个我都用过，第一个虽然好使，但远不如第二个一劳永逸。因为小报告永远是要向上级递交的，现在我连个领导也没有，你想打我小报告也没处给。

如果我是个领导，我也永远不会重用打小报告的人。本来就是，报告就是报告，为什么叫小报告呢，因为是小人打的报告嘛。

另外居然有人质疑担忧黄健翔的未来。这太可笑了。其实他发疯那会儿我没赶上现场。后来我看了他和董路的一个相声，觉得很好。我一直很喜欢能自嘲的人。想嘲我的人太多我就自嘲是种智慧。当然，想杀我的人太多我就自杀就是愚蠢。关于饭碗，中央电视台5套也不是什么特牛的台，况且我看到过一句话，真正的铁饭碗是无论去哪都有饭吃，而不是在一个地方吃一辈子饭。

关于CCTV5体育台，我个人是这样的，在有比赛的时候，能看ESPN就看ESPN，实在没就看上海台，上海台也没有就看广东台，广东台没有只好看央5，实在看不下去了就静音看画面。现在选择那么多，就央5那些只会唱样板戏的解说，伙同话都说不利索的专家嘉宾——胡指导们，实在是没什么好看的。在我比较熟悉和喜欢的体育项目里，建议大家看看上海体育台的解说，足球、赛车和台球，比央5说得好多了，我个人很喜欢。他们基本不请什么说话无谓的专家，因为他们自己本身就是胡指导。

卡门的自我修正主义

　　有北京的报纸提出了他们细心观察的结果，就是我那篇《卡门》文章发表在郑钧的两篇文章之前许多个小时，难道我已经未卜先知对方要写什么，并质疑这是我和郑钧的联手炒作。

　　其实是这样的——以前在笔仗上，我是看见你写我再写，但这样的缺点就是碍事，因为我经常在外面玩，也不能分分钟上网，容易贻误战机。随着游戏经验值的增长，我突然发现，和WINDOWS一样，我升级了，已经可以做到预判。那天半夜写完顺带提了郑钧一句的《最近的一些安排》后，正要睡觉，但我突然感觉郑钧会在当天按捺不住，说些类似高晓松当时的怪话。不过我白天有事，没空陪人玩，索性就先写好了文章，存在WORD里，起床后觉得似乎存在BOLG的草稿箱里比较方便，于是就放到了草稿箱里。此时郑钧还没反应，我就出门玩了。玩到半夜还在外面，用手机上网一看，应了，就打电话给朋友，告诉我的BOLG密码，修改几个字，发了。但新浪一直有个奇怪的设定，就是发表时间按照放在草稿箱里的时间为准。这就导致了细心朋友们的误会。

至于修改了哪，就是我唯一没有预料到的地方，我草稿箱的原文里是一篇，不料他一下发了两篇。我就稍微加了点话。

先预判准备好，再用手机上网，再电话远程发射，真是最新的技术。也是我的第一个发现。这样我才能觉得好玩一点。如果鲁迅梁实秋知道2007年的笔仗是这么打的，不知道什么感受。

但是，这次是丝毫没有价值的笔仗。两个男的毫无观点在那里婆婆妈妈。但是，郑钧的理解显然有问题，不知道是不是故意装不懂，我说的"立牌坊"是指他的那个关于为什么在骂完超女后还要去做评委的一个声明。太装了。他几个月前骂超女和多看不起这类节目的评委工作的言论历历在耳。其实你诚实诚恳一点大家都能理解的，新唱片要出了那节目收视也挺高的，那边的出场费也不错（当然你现在可以马上再发一类似的声明说你没拿钱，真是去挽救音乐的）。但你那声明太次了，居然道貌岸然地辩解说自己是去以正健康视听。不知道你们公司怎么想的。你还一再转移视线，说自己指责超女和阿牛是我所谓的立牌坊。我不知道你什么逻辑，那说的是你正在做嫂子。牌坊是你的声明。为了让你理解我觉得我自己啰嗦死了。

郑钧的文笔我就不说了。

不过我发现一个非常有意思的地方，郑钧发回应文章，都是一次成双，呈人格分裂状，第一篇先过了过嘴瘾发泄一下，第二篇就开始修正装逼了，这难道就是修正主义？我怎么觉得更像修正没主意。A1中，他意淫奚落我一下，A2里马上表示自己要专心做编曲做音乐，B1里大篇幅地再逞了口舌之快，一分钟后的B2里马上表示自己太无聊了应该爱谁谁，不搭理我。这太好玩了，像极了电影里瘾君子吸完爽过后表示自己再不吸了。可你爽都爽了，有种就在犯毒瘾的时候能忍住，那就真成了。这也是他一贯的作风，做嫂子立牌坊，而且不用从他的语句里看出来，大家从他发表文章的模式里就能看出来。这堪称史上立得最快的牌坊，也是建筑史上的奇迹。

其实，如果我是他，我就把那篇B1删了，空留B2，这样显得好看和摇滚精神很多，也能突显出我的絮叨和不大方。论战就是这样，他写得长，你一定要回得短。当然，这短句一定要精辟，对方就会很难看。以你对文字的把握和如今的精神状态，我判断是写不出来的。所以我放心。其实到现在已经够无聊了，因为我们不是在谈论一个观点的，纯粹个人恩怨，这是我就你这事的最后一篇文章。你应该不回应，这样还能酷点，因为我才写了一篇加一句，你就四篇了，而且看得出来你有点急，强装嬉笑怒骂。这样不好，心平气和，别再理我，才能挽回车轱辘事件损失的形象，也免得你车轱辘话来回说。

当然，我也是逞逞口舌之快而已，是男人，就约一个时间，约一个地方，约一个房间，选好武器，CS。还有，今天的文章我是现写的，如果能预判到这程度，我就成史搞飞了。

我还有另外一个大发现，就是徐静蕾的博客链接里的男性朋友大多和我有过节。徐静蕾是我的好朋友，她是很义气的一个人，所以这点我有点过意不去，让她有点稍微难做。我不是故意的。但不知道为什么，我脑子里冒出来的情景是雅典娜和她的圣斗士们呢。

不能拿这个来要求事

今天有记者采访我，说有一个"80后"的作家，叫落落，说，作家参与慈善事业太少，应该多点。

我记得他们的《最小气》，每本《最小气》捐出整整一分钱。所谓落落大方，怎么不够大方啊。

记者问我，怎么看。

我说，慈善事业是好事，但不一定非要去说，或者用自己做的那点小事去要求别人，尤其是一个普遍不宽裕的群体。这样会给别人加上道德压力。很多人，只是不愿意说罢了，你这样也是为难他们。我就不会好意思去说我做了什么好事。因为我真是看有些人太苦。不是我想让这个社会进步，这是政府的责任。我只是觉得我应该帮帮他。你们真要我说，到年底的时候我可以说。到时候别骂我炒作或者标榜自己什么的就行。我还正愁做了好事找不到一个正当的借口去吹嘘自己呢。但作家是个很特殊的群体，有钱的没几个，大部分写字的都是自由职业者，因为没有工作，所以很多人都没有什么退休金或者社会保障，你要求他们做善事，他们生个病谁想到他们，医药费也不能报销。善事是不能要求的。卖一本《最小气》捐个一分钱，不管什么目的，我表扬你们。但你们那算是钱吗，卖十万本也就一千块钱，就你们那点钱，还假装是慈善事业，笑死人了，你们这点撑死了只能叫红领巾献爱心而已。捐了相当于你们BOSS两条内裤的钱就感觉终于挺起来了，可以要求整个职业了，这太小儿科。你自己宣扬自己也算了，别给这个尚且不富裕和没有保障的写作者的群体道德上压力。你觉得你们牛逼，就跟房地产商去提出这个道德要求吧。

支持海岩

　　刚才看了海岩展示手稿的视频，觉得非常心酸。我父亲就非常喜欢他的《永不瞑目》。关于海岩的书不是自己写的传言其实很早就有，大概五年前也有人问过我，我说，肯定是他自己写的，他如果真有一帮枪手，不可能不会传出来，现在网络发达，干坏事，尤其是群体干坏事肯定不可能不被人知道。你不能因为人家还有一个看似非常繁忙的正当职业就揣测人家没时间写，就说人家是雇枪手写的，如果人家海岩下班了不去干诸如喝个酒、戏个果、包个奶、赌个博、应个酬、桑个拿、唱个歌、搂个小姐打个炮……这些也被很多男人说成是"为了工作"之类的事，不就有时间了吗。还好海岩用的是手写稿，那用电脑写的，比如我，一旦有谁无聊了看你不顺眼了造个谣之类的，岂不是一辈子说不清楚了。

一个好的作者肯定是非常爱惜自己的文字的。一直有人找我，让我可以推荐他们的文章去出版社出版，条件是一旦可以出版，就可以让我在书上标是同韩寒合著的。我真不知道这是种什么样的奇怪想法，但这应该是从中国学术界的一些科研论文开始的非常坏的风气。

从第一本书开始，就有人说我的文章是我父亲写的。我当时还是学生，我对记者说，我同桌陆乐和周围同学能作证，因为我上课每写一页马上就会给他们看。马上又有人说，是你爸写好了以后逼着你背出来再凭记忆在上课时候写的。总之就是我爸逼的。碰上这样的人，我只能说……

跑了

首先是要对小四抱歉一声，其实那曝我料的学生根本不是你的粉丝。你的很多粉丝虽然傻，但好歹淳朴。那人太怂了，把博客的文章全删了（幸亏都留了证据），先栽赃媒体说是媒体断章取义了他想象的一个作品作成了新闻，最后习惯性栽赃地把博客的名字改成"小四"就跑了。你有胆子造谣怎么没胆子对质呢。你这样敢做不敢当，你们班级里哪位女同学愿意忍痛拔腋毛给你呢？但《二十四小时》里的CTU告诉我们，科技是很发达的，肯定能把你找出来。

但是纵然这样，我还是不赞成网络实名制的，以后专家在讨论是否要网络实名制的时候别用我被诽谤这例子来说事。我宁可自己倒霉点，但也得坚持一向的看法。在网上骂人是没办法的，世界各地的网络都是这样，世界各地的现实生活也是一样的。就像写文章可以用笔名一样，网友是有权享有隐私的。我可以完全不知道对方是谁，但如果对方利用匿名触犯了法律，有人来管就是了，这不构成实施实名制的借口。但是居然有专家说我反对实名制是替自己的利益着想。他老昏头了，我从有网络到现在就一直实名的，你实不实名根本不关我事。再澄清一件事，我身份证上的名字就是韩寒，这不是我的笔名。某次赛车的时候我在宾馆签单的时候签了我们车队后勤负责人"左菲"这名字，服务员特别激动，说原来我的真名是左菲，韩寒是我艺名。不知道这谣言传出去没有。其实我不叫左菲，我叫苏菲。

海岩和海南香蕉的造谣者都没抓住，当然，关于网络造谣的立案需要有具体的造谣者，但要去查找造谣者就得先立案才能获得权限。这真是个大矛盾。

此文枪手所写，慎入

今天看到新闻，说某网友猜测我三年用了枪手，而且枪手是我博客链接里的朋友马日拉。这些新闻都是以"被曝"为标题。我这样明显的文字风格都能被说有枪手，那些没风格的大作家们怎么办啊。于是我就去看看是谁曝的，我找到了那个同学的新浪博客，BLOG的名字叫"狂想"，已经表明了他的类型。第一篇就是写我找枪手的文章，他说他自己是一个资深的出版界的圈内人，第二篇就是《我很喜欢收集班上女同学的腋毛，怎么办》，资深出版人还在上学呢，真有为。再往下还有《去参加林志玲的见面会后我感觉她爱上了我，怎么办》《泽塔·琼斯曾经瞒着老公来中国找我》等等我就不用解释了。

所以，记者一定要弄明白小说和新闻的区别，不能随便在论坛里找一个帖子就拿来当新闻，然后不负责地写道是网友曝料，自己就没责任了。如果这样，新闻就太好写了，我注册个账号可以说全天下的作家都是找枪手写的，一天换一个作家曝料，想必用电脑写作的作者也拿不出证据来反驳吧。一个作者写东西挺花脑子的，记者论坛上随便整理一个帖子当新闻就可以把人家逼到跳到黄河洗不清的境地，而且现在的读者还都特别相信这些"曝料"，当事人走到哪都要背黑锅，这个已经和娱乐精神完全不搭界了。别逼得中国的作者们以后只能在公证处写小说啊。

但好在，和海岩留的1000万个字的手稿向记者展示来澄清自己没有枪手一样，我是有证据的，我早料到有那么一天，于是每次动笔写，我就摆个DV在后面拍着，到现在，我已经拍了1000盘DV带了。总计也就2000个小时，为了避免自己成为黄健中，等我用一年时间核实一下里面没有我写作的时候姑娘来探望我的画面的时候，我就举行记者招待看片会。请参加会议的记者带好帐篷和干粮，善意地提醒参加发布会前不要购买电器或者汽车，等发布会完估计都已经改款了。

此文炒作，慎入

我们很多记者的思维都是一根直线，除人挂了以外，凡是没作品的时候出来新闻就是提升人气，凡是有作品时候出来新闻就是炒作，既然这样，大家做什么娱乐新闻嘛。

我的作息时间不正常，有时候一觉醒来就过去两天，在沉睡的两天里，好多地方又说我进行了炒作。我时常佩服自己。比如这次枪手的事情出来，离开新书上市没几天，肯定会有没想象力的媒体说我炒作，但不会有人去指责那个造谣的人。我是莫名其妙一觉醒来打开MSN就看见首页新闻上说我用枪手，这种事情，要背很多年黑锅的，因为"韩寒被曝雇三年枪手"这样的新闻肯定是在显眼的地方，而"韩寒澄清没有枪手"自然看的人少点，就在角落里。我脑子进水了，用这种背黑锅毁声誉的事情来炒作？所以，希望媒体有点媒体的样子，当初那个帖子也是你们从各个论坛里找来的，我韩寒从1999年到现在，本人从来没有主动找过媒体要求报道个什么事，也从来没有要求过新浪编辑推荐过什么文章。某些媒体不要把自己找出来的岔子，毁我声誉以后再扣我自己头上，说是可能是我自己曝有枪手为新书炒作。某天你们自己要出书可能需要这么干，我不需要。

在中国，做个造谣的人是最幸福的，随便就可以让一个省的香蕉全都卖不出去，或者可以轻松毁一个人的声誉，到头来还是被造谣者的错。

英雄本色

前几天看了《英雄本色》。

真老的片子，当时叶锦添还是美术助理。

枪战拍得真香港啊，好人一扫，坏人噼里啪啦从各个地方往下掉。但更加准的是坏人，专门瞄着好人的脚四周打。打着打着，小马哥突然站了起来，说了几句话，中弹了。

周润发演得真好，就是有点浪费子弹。

朋友说《英雄本色2》更加牛，这三个人几乎干掉了一个团。

找《2》去。

我都能想象，在那年，我家旁边的录像厅里放完这个片子，那些连枪都没见过的小混混的内心躁动。那个时候我八岁来着，似乎看过这个电影，但太深刻了，没看明白。

那年代真有意思。每个年代在事后看来都真有意思。

没意思

前几天看了一个又后悔了的片子，就是《墨攻》。似乎应该叫"墨子攻略"，可能觉得这名字有点像香港二流电影，什么"东京攻略"、"汉城攻略"之类，所以取了个简写，叫《墨攻》。怎么没叫"子攻"？

影片是很没想象力的，据说编剧编了十年。我的妈妈，十年是什么概念，十年之前，我不认识你，你不属于我啊。这要是我，一个剧本写了十年，我准保不要。这已经说明不是什么好本子了。好本子都是灵光乍现，好电影甚至没有本子，经典都是天才的玩笑，佳作都是智者的胡扯，不是笨蛋靠憋就能憋出来的。一个电影剧本居然憋了一个"文革"……

　　片子还是那样，现在的大片可真喜欢告诉我们做人的道理啊，可真喜欢思索做人的意义啊。而且最牛的是，在咱们中国，这些中心思想都会由主人公亲口配着音乐一字一句说出来给你听。没听清楚没关系，一会准保还要再说一遍。

　　相比之下，今年的大片里唯一不错的就是《宝贝计划》。片子想表达的想法虽然还是老土了点，但这片子压根也没想表达什么想法，完全就是回到了成龙《A计划》那时候的老路。不过还是挺好看。比他在好莱坞那阵拍的电影强多了。

　　过几天把《三峡好人》、《父子》和《黄金甲》看了。我家不远处要新开一个不错的电影院。真是可喜可贺，这么大的地方居然没有开KTV和桑拿，还放电影。真不容易。

　　推荐一个在飞机上看到的好电影，《查理和他的巧克力工厂》。

推荐

我所在唱片公司环球天韵，最近又出了几张怪路子的唱片，再次推荐一下。

萨顶顶的《万物生》，特别推荐，此歌由高晓松作词。当然，我也作词一首，结果被枪毙了。萨顶顶自己也负责了很多创作和制作。萨顶顶的唱片据说在国外先发行了，过了一段时间再发行的国内。盗版商这次没有能够跟紧。唱片的图片有劳大家去搜索一下，我在外地，用的电脑没有改图软件，所以不能上传。这张专辑讲的是一个什么呢？当然，这是句疑问句，不是设问句。

黄龄的唱片《痒》，这首歌在以前已经推荐过了，本人最喜欢唱片里的《红眼睛》，在这张唱片里，本人义不容辞作词一首，曲子据说是胡彦斌写的。可是大家都听不到的，因为也被枪毙了。当然，我宁可相信是小胡的曲子不行。但其实还行。具体的内幕就写在唱片的封套里面。黄龄是个很独特的新人。当然，除了双胞胎，每个人都是很独特的。

　　女士优先，所以男的最后介绍，是"兰花乐队"的新唱片《我爱伪摇滚》，其中，我也作词一首，写的就是这首"我爱伪摇滚"，有了以上两次写和谐歌词被枪毙的经历，我觉得这次也够呛，但要命的是每次公司还都会请我写，我盛情难却，所以我就花了两分钟瞎写了一个，里面还有"你妈逼着你"，这样就有了一个不能用的理由，双方好下台，结果这个歌词用了。兰花乐队这次唱片的封面做得很加油好男儿，每个人都长出了一双无邪的翅膀，记得是艺人基本上宣传照都长出过翅膀，做插翅难飞状，一个女艺人还有一首歌，索性就叫"阴性的翅膀"，所以，这些阳刚男儿这次的阳性的翅膀，不知道能带来什么新鲜。

我酷毙了，他帅呆了

因为我每年都有几十本假书上市，所以我最近又整理了一下我的假书，分成了几个系列。看清楚了，这可不是盗版书，盗版书再怎么盗至少还是我写的。但这次我要向大家介绍的致富行业是中国的图书盗版业所特有的，音乐盗版业和影视盗版业就只有眼红的份了。先介绍一下我的产品：

贱系列——《贱人贱事》《剑》。

酷系列——这个就多了，有《酷》《我酷毙了》《谁比我酷》《再酷一点》《酷了一个世纪》，就差一本《酷到不行》了。看来在盗版商的眼里，我真的很酷。

狂系列——有《狂》《狂荡》《我为我狂》《年少轻

狂》和《我是我疯狂》。这个狂荡是什么意思呢？狂淫荡？其实这个系列应该和酷系列对应起来，比如《我狂毙了》等。

帅系列——《帅》《他帅呆了》。其中，《他帅呆了》和《我酷毙了》这两本，是我的偏爱，一般一亮出来，你吓死了。

幼齿系列——包括了《邂逅十七岁》《不由分说》《天使迷梦》《闯入乱世不了情》《烟花乱》等等。其中，我本人最想看的是《闯入乱世不了情》。

色情多P系列——《春心荡漾》《流氓的歌舞》《六个宝贝》《青春梦》《痛》。

刘翔系列——《青春跨栏》和相对应的姐妹书《青春无罪》。

《三重门》系列——《三重门内》《三重门外》《三重门后》《三重门前》《三重门中》《三重门全集》《打开三重门》《三重门续集》《三重门特刊》《走进三重门》《走出三重门》等三重门前后左右。

给曾子墨献礼系列——《墨》。

给党献礼系列——《红色起点》《水晶誓言》《阳光少

年》。

对联系列——《叛逆的季节》《驿动的年代》，横批《破碎流年》。

走进科学系列——《三重门之谜》《折腾》《生命力》《七色窗》。

赵忠祥的岁月系列——《岁月边缘》和饶颖的呼应版本《边缘岁月》。

《光荣日》系列——因为《光荣日》出版的拖延，所以先上世了两本假光荣日。最近又有一本光荣日的矮个兄弟版本，《光荣曰》。

盗版商想不出书名系列——《就是韩寒》《韩寒最新奉献》。

其他的普通不好玩的伪本，就不罗列了。应该有100本左右。谢谢和谐社会，让我著作等身。想看封面的，去http://post.baidu.com/f?kz=257856171或者http://www.twocold.org/bbs/viewthread.php?tid=1506&extra=page%3D1。但其中的《少年》是我授权的漫画，不算假书。手里有其他版本的，请在那个帖子里上张图，好让我知道一下我曾经还出版过什么书。

各位郁郁不得志的朋友，各位想买基金但没本金的朋友，你想发财吗？去找个印刷厂合作，把你上网时候看见的网络小说扒下来，再挑选一个书卖得不错的作者，然后自己想一个书名，出版吧。如果你懒，你扒一篇网络小说就可以了，挨个作家出版一遍，这样的效率是最高的。保守估计，一个月可以出版十五本，每本可以销售五万册，一本获利两元钱，一个月就可以赚一百五十万。一年工作十一个月，还有一个月要去拉斯维加斯度假，那一年就可以赚一千六百五十。1650万哦。而且绝对安全，几乎等于合法，基本没人来查你。名声也很好听，跟朋友一说起，你就是搞文化产业做出版的。这年头，卖白粉一年也不容易赚那么多钱啊，被抓到还要枪毙的，那真的就是我酷毙了，这不值得。各位要抢银行的，贩毒的，绑架的，诈骗的，大家都来做出版吧。你们就是吃了没文化的苦，现在让你们享享做文化的福。虽然罪犯是没人来抓的，但我这样鼓励犯罪弄不好是要被抓起来的哦。所以赶紧了，趁这两年没人管。以后入这行的人，念在我指路，你们就放过我吧，易中天，于丹，余秋雨，郭敬明，他们的书都卖得很好。

　　本条信息免费。

无题

　　最近在写《光荣日》，所以博客更新见少。最好的结果4月份可以完成。关于不宣传，大家各自理解，我不出面参加活动，如果出版方愿意出钱买全国报纸的头版整版广告连续一个月，所有的灯箱是我书封面，新闻联播前播我书的广告，我自然是没意见。了解我的人应该知道，从四年前作家出版社的《通稿2003》开始，我即是这个风格，这些年出版的5本书里，一共只办过一本书的小规模首发仪式，签售为零，有心者也可以查查这三四年，任何书店都不会有我的签售纪录。书写好，随天命，况且我一直觉得作者签名售书是一件掉价愚蠢而且没范儿的事。

在1999年我刚出书的时候，每次这么干，我心里都会无端难过恶心。有幸多年过去，居然书还一直卖得动。这可以让我越来越少参加活动，也能让我在每次签出版合同时候约定不参加宣传活动不签售，全中国写书的里估计只有我一人有这附加条件。还有记者写文章说，每次在网上争论完，我都立即有新书上市。你们是傻逼吗，你们哪只眼睛看见我出新书了？你们去问问和我合作的出版社，如果我有东西要出版，恰好最近自己热闹，我从来不让人赶紧，都是请求晚点出版，等过了这阵子再说。对于图书出版，反正我是有点精神洁癖，况且出我的书出版商肯定能赚到钱，赚多赚少的事情，所以我也没什么内疚的。大家爱怎么理解就怎么理解.我就是这么装逼且大牌。

希望我的读者只想看见我的文字而不是我签的字，如果大家都想看我签的字我可以以后出个字帖，反正我字也写得好看。

咨询

上次咨询了大家如何盲狙，虽然从那以后就一直比赛没空去打游戏，但是在我的脑海里，已经操作成功了。对于我而言，意淫成功了，就等于一大半成功了，所以谢谢大家。这里还有一个问题。

我想在拉力赛车的后面防滚架上安装一台DV拍摄。

1.现在录在硬盘上的DV，会不会不稳定？因为拉力赛车非常非常颠簸，用传统磁带的话经常发生成像不稳定。硬盘DV会不会承受不住？

2.另外一种是光盘DV，就是直接录在光盘上，一张盘最高画质能录多少时间？会不会一样在剧烈颠簸情况下成像不稳定？

　　3.需要很大的广角端。

　　4.做得好点，别进灰，摔两次还健在。

　　5.是不是还是用DV带的机器最稳定？

　　什么牌子的什么型号最合适？价格最好在10000以内。谢谢。最好是索尼、佳能、松下、JVC、夏普等，拉力赛比较偏僻，需要在全国各地都方便维修，万一丢了充电器也能买到。

　　对了，为了让本文显得时尚一点，我要不忘加一句，抵制日货！

礼物

因为脚伤的原因，这次的北京场地赛我星期六才开始试车，据说那天是中国的无车日，可我出门就堵车了，到了赛车场还差点错过了第一次试车。下午直接就排位赛了，赛车的情况还算不错，在世界无车日上得到了一个反动的赛车杆位。那天我的右脚还是有问题，踩刹车没有感觉的回馈，练习还冲出去了一次。后来就一直不大能踩动刹车，估计就是因为刹不住，所以才比较快一点。今天比赛也很顺利，做出了全场最快单圈，最后也得了冠军。我琢磨着我应该下车假装脚疼并且晕倒，这样就是一部主旋律励志片。

队友王睿一开始给了我一些压力，在后面追得很紧，后来他有了一个失误，就拉开了距离，最后他换挡又出了问题，只得了第四，不过车队终于提前一场获得了年度车队总冠军。感谢车队和维修技师的努力，以及今天来现场的一些朋友们，以及北京协和医院的外科急症医生帮我拆线。

这让我想起在上海市第一人民医院的时候，想换药都很艰辛。首先，外科在三楼，伤胳膊断腿严重点的估计得死在路上，但最神奇的是，周六周日医院的医生都不上班，不营业。你见过周末没医生的某直辖市第一人民医院吗？周一白天有事，晚上走急症去换药，医生不让换，说急症没这个项目。我说我只要换个纱布就行了，医生死活说换药室已经关了，不能操作纱布和橡皮膏等项目。莫非急症来这里的外科病人都是消毒一下然后敞着伤口就回去了？最后还是去药店买了一堆东西，后来都是自己换的药。看来还是不求人比较好。我本来想不求人自己拆线来着，但实在不知道怎么拆，哆哆嗦嗦去了上次缝合的协和医院，我说我实在是门诊的时间过不来，明天就要坐飞机了，时间已经超过，医生考虑了一下还是帮忙拆了。本来去医院的人都挺不方便的，我已经算是最轻微的情况了，而且自己还有车，算是不便中的大便。所以有时候举手之劳，如果没有什么特别紧急的情况要处理，医生应该人道主义一点。

　　出协和医院的时候看见几百人在排队挂专家门诊，有的据说已经排了几天，我觉得非常心酸。里面有的是家属代排，有的是专业排队，有的是病人自己在排，至少还得等10个小时才能看上病。如果下雨，就得淋了，既然协和医院的专家像超女一样吃香，两次去都见排这么长的队，我觉得至少应该做个遮雨的。

　　跑题了。过了今天就26了。我的观点还是和我爸一样，虽然今天的生日很开心，但如果生日不开心也别落寞，人的生日其实只有一次，就是你生下来的那一天。

GAMEOVER

今天的全国汽车拉力锦标赛贵州六盘水站是非常罕见的一场比赛。

第一赛段，原本在维修区应该是 2 .0的胎压，结果到赛道发现只有非常危险的1.7，很容易爆胎。结果果然在5公里处爆左前胎，损失2分钟。

第二赛段，在行驶路对换了前后轮胎，但还是在15公里处爆右前胎，损失1分钟。

第三赛段正常。

第四赛段发车前突然电脑故障灯亮，赛车最高速度只能到60，损失8分钟。

在维修站发现是油门踏板和节气门传感器故障，更换。

行驶路段发现故障没有排除，后来更换电脑，故障解决，迟到15分钟，罚时150秒。

第五赛段轴承故障，刹车要踩到第二脚才有。基本没损失时间，但我需要的2.3的胎压居然还是只有1.8，我很疑惑，应该是我们车队的胎压表坏了，或者是为我的车准备的胎压表坏了。

第六赛段为了防止爆胎，再前后对换轮胎，但在10公里处又爆右前胎,在离终点1公里处终于没能坚持下去，轮圈都全碎了，只剩下刹车盘在地上跑，然后传动轴就断了，实在没有办法开动了。6个赛段居然爆了3条轮胎，而且加上和领航员前后对换的轮胎，6个赛段我居然一共装了15次轮胎。

还有一件非常蹊跷的事情，在一个高速弯的出弯，我眼前突然出现一排西瓜大的石头，因为车正在高速侧滑，是没有太多空间去躲避的，还好在最靠近路边的地方有一辆车可以通过的距离，我的车的惯性也正好可以修正到那，那里唯一有的东西就是一个超市塑料袋，但如果我的左前轮不压到那些大石头，我的右前轮肯定得从这个塑料袋上压过去，塑料袋里面包了一些报纸之类的东西，我觉得没问题，应该是一些生活垃圾之类，结果压上去才知道是用报纸包着的一块更加大的石头，最后一个赛段的轮胎就是这么破的。去年徐浪在这里也是这样的方式退出的。我还坚持了一段路，他是直接整个悬挂就切断了。这不会是哪位观众开的玩笑吧。

虽然退出了，但我还是希望可以修好以后跑第二天的比赛，争取明天阶段第一的3分积分，因为我感觉自己的状态和节奏非常好，但是车队告诉我，我们没有配件了，我的车需要拆件给队友做配件，毕竟队友们还在场上。我没想到什么配件都没有了。看来明天不需要出场了，这里没什么可留了，我明天一早就回上海了。希望下星期在北京场地赛我的场地赛车可以好运。感谢维修工和领航员的辛勤工作。

超级玛丽亚和松鼠岛

今天是全国汽车场地锦标赛北京站，金港的赛道是我眼看着建成的，在还没有铺柏油之前，我就曾经在砂石路的赛道上跑过几圈，当然最后被赶了出去。在北京的成绩不好不坏，得了一次第一和两次第三，这个赛道也是我比较喜欢的。试车的第一天还不错，但才跑了8圈，第二天车出了状况，没能试车，第三天我的尾翼终于到了，装了上去以后发现赛车原来的调教都改变了，出现了转向不足和前轮弹跳的问题，但已经没有什么时间调车了。今天上午做了很多调校，把弹簧、平衡杆、前束和倾角全部都改变了，但车依然还是转向不足和弹跳，最主要的原因是尾部尾翼形成的下压力太大了，这其实是件好事，只要前轮再抓地一点，整个车就会转弯非常快。但不幸的是，把所有练习的时间都用完了，都找不到合适的调校，时间太少了。

在排位赛的时候，王睿做出了1分13秒001的时间，我用了吃奶的力气（虽然我一直认为吃奶其实并不用力）只能到1分13秒800，还没有我第一天试车乱开的时间快，后来我就毛掉了，进维修站把尾翼拆了，光着屁股就上赛道，时间只剩下几分钟，只能做两圈的时间。第一圈轮胎温度没有上来，车尾又失去了下压力，车子突然变得灾难般的转向过度，几乎每个高速弯都是很危险的巨大侧滑，幸亏我的拉力赛经验和赛车优秀车架的支撑，才没有在赛道上转圈，我想完蛋了，这下更慢了，结果时间居然是1分13秒500，看来我真的是比较喜欢转向过度的车。最后一圈还是转向过度，有几个失误，最后时间是1分13秒471，本来以为是第二，结果基亚车队的郭海生做出了1分13秒352的时间，把我挤到了第三。

因为现在的赛车调校不是很理想，是高速弯转向过度，低速弯转向不足，如果两者对换一下，就完美了，所以明天比赛前还要再赌一下，换硬弹簧和降低后轮胎压试试。关于很多车队疑惑的尾翼是否有用的问题，我在此回答一下，我们车队用的这么大的尾翼所产生的下压力足以稳定车尾，拆和装是完全不同的车辆特性，甩尾的车装了就不甩尾了，阳痿的车装了就不阳痿了。而且电脑显示只在170以上的速度才开始产生空气阻力的负面影响，所以说，在170以下，是有着积极的作用的，但需要时间来调车，增加前轮的机械抓地力，或者在车前使用空气套件，否则一装上去就转向不足。至少在北京，我觉得是有用的，在上海，看个人取舍。但我人品不行，无福消受，所以明天比赛只好光着屁股了。虽然今天的排位成绩不是非常理想，但我已经渐渐觉得场地赛还是有不少乐趣的，尤其在车辆的调校上，有很多的学问需要去学习。

再介绍大家去看王小峰的DV影片的成片，地址WWW.WANGXIAOFENG.NET，前天去参加了老朋友杨葵的生日宴，他和水晶珠链结婚了，我和他好久不见，还见了一些认识和不认识的人，非非小精子老六土摩托他们。像上文的内容，土摩托肯定会喜欢，并最后追问，什么是尾翼。但我只和老罗做了些交流，因为我们觉得松岛枫和那两个玛丽亚们还不错，不过说实话，我也就知道这三个日本AV女，而且还是因为第一次看走眼了，以为松岛枫是松鼠岛，一下就想起了冰川世纪里的那只松鼠，以为是个动画片，就看了，结果是毛片。加上外国人的名字，我从来记不住，我去年才知道汤姆·克鲁斯和汤姆·汉克斯原来不是一个人。话说回来，这节最主要还是要推荐一下王小峰拍摄的AV作品，虽然我还没看过。

7月22，关于底盘的扫盲

1.今天的比赛结束了，王睿和我分别得到第一第二，起步第一个弯道我就超越了排在第二的"基亚车队"的郭海生，但在这一圈的最后一个弯道，我从反光镜里居然没看见他，我以为他车出状况退出了，就很放松地进弯了，结果他就在我的旁边反光镜的盲区里，一下卡住了内线，把我又给超了。是我自己太粗心了，之后就一直跟着他，但不能跟近，因为离开他的车一旦在10米以内，缺少了新鲜空气，我的机油温度就直上130，又要报警（上场就是因为机油温度高所以损坏了引擎），我想在后面1秒多钟的位置给他施加压力，这样他的车可以一直在极限的情况下工作，比较容易出问题。而这个距离我的车机油温度也正常，相对驾驶也比较轻松，这个时间我有把握在两圈以内可以逼近到他的车尾。如果他的车正常，大不了再尝试能否超车。但倒霉的是，我的车先出了一点状况，到第五圈的时候居然刹车几乎没有了。于是我冷却了刹车2圈，刹车又恢复了正常，我又逼近了对手，在我的观察下，他的轮胎似乎抓地不行了，在第二十圈的时候，在队友黄佳俊的功劳下，我很顺利地比计划快地超越了对手，从此和王睿一直保持4秒左右的距离，我就放慢了速度，王睿也放慢了速度，大家保护赛车一起到了终点。事后有点后悔把尾翼拆了，有尾翼的车要好开稳定安全很多，今天的驾驶冒了不少风险。这次中央电视台5套的直播比上海站的时候好了很多，比赛结束以后，大家终于都能知道名次了，而且场上的情况也基本能够了解。人家小气归小气，但还是有进步的。

2.关于我们车队的"违规底盘"一事，我进行一下扫盲。去年对手一圈比我们快3秒，我们忍辱负重，向对手学习，今年终于做出了新款赛车，比对手快了半秒左右，但有些人似乎很不高兴。外面谣传我们自己开发了一个"违规底盘"，这明显就是外行话。开发一个底盘的价格至少需要一亿人民币，而且就算是世界大车厂，也需要几年才能开发一个底盘，一旦开发了就要几种车型一起沿用十年左右，生产出几百万台车，这才能保本，我们哪来的钱和时间和能力和平台去为两台只用一年的车开发一个底盘？这个谣传实在太没有技术含量了，居然也有人相信，你们知道什么是底盘吗？你就算拍一亿人民币给我们，三年时间也做不出一个能装车的底盘来。你应该在车底，不应该在车里。

事实上，我们只是把后面的悬挂改成了独立悬挂，独立悬挂是现在很多车使用的悬挂，这样改是为了方便调校后轮，这是一个不算复杂的改装，只是别的车队没有想到。这样改也是规则允许的，规则只规定不可以改发动机工作原理和驱动形式，其他没有限制，所以，人云亦云说我们违规的人，请了解一下规则。连记者和观众都知道违规的车还能参加比赛吗？千万不要说出"开发了一个违规底盘"这样业余的话来，而且，就算我们开发了一个底盘，也不算违规，况且你们相信一个中国赛车队开发的底盘能比德国的车厂研发的底盘强？这话说出来虽然伤国人感情，但在这方面，我们的确要认清差距，建国以来，我们的汽车工业连一个像样的能拿得出手的汽车发动机都没能做出来过。不要说我们会慢慢进步，不要说我们刚刚起步，差距就是差距，别人难道已经死了？就不进步了？这是永远的差距。我们有别人赶不上的眼红的东西，比如四大发明和油条臭豆腐，永远不要想着在任何方面都能赶超别人，有时候要认输，因为体制和人才选拔模式的关系以及中国独特的人际关系处理方式的原因，我们的汽车制造业永远不可能超过德国（欧洲）和日本美国。很多纯国产汽车只是打着爱国的名义赚钱而已，可笑的是他们最忽视的就是车辆的安全性能，我一脚都能把车架给踹变形了。这就是对所谓爱国者的回报？不过这点倒是很形象，因为历来真正的爱国者，大多都是被他们爱的东西害死的。我们的造车哲学都那么地富有政治象征，这不是崇洋媚外，这是不自欺欺人，不好意思，大实话，不太好听。但的确其中差距就像JK罗琳一天的版税就是我们国家作家首富余秋雨130年收入一样大而弥坚。

以上文字供赛车媒体参考。

开阳站勘路归来

今天早上6点就开始了官方的勘路，现在才回来。今年的赛段和去年没有变化，贵州开阳站的赛段要比六盘水的更加难，更加刺激。第二赛段在南江大峡谷边，风景不错，但非常高速，希望这场我们的赛车动力可以有所改善。对手的车像抽风一样突然变得非常非常快，而且轻松驾驶，在轮胎都没什么磨损的情况下都要比我和王睿一个赛段快30秒多，而我们都已经拼了，每个赛段出来拉力胎都已经磨平了（我们和对手用的一样的轮胎）。我不知道他们何以快成这样，在我们只能用两挡的地方他们都可以用到四挡，看来这场又要冒着生命危险来驾驶了。

贵州的两站比赛当地主办方组织得都不错，要好过上海等大城市，而且官方勘路的时候都有很多警察维持秩序，救护车和清障车的效率都很高，群众很热情，只可惜很少专程而来的车迷。今天开阳勘路时行驶路段和赛段都封闭了，但相对安全了很多和高效率了很多。现在国内的拉力赛很精彩，要比场地赛好看很多，希望更加多的车迷来看我们比赛。如果你们现在看中国的拉力赛的前20辆车的比赛，是不亚于世界上任何国家和高于亚洲任何国家举办的拉力赛的，也是代表亚洲最高水平和世界一流的驾驶技术，除了WRC。而且不用门票，你不怕死能离开赛车只有半米距离，胆大的可以趁回头弯车速比较慢的时候去赛车上撕一张贴纸。医药费车队不报销。当然，中汽联应该做几个观众点和发布观看路线和时间，很多次我自己的家人都不知道怎么能看到比赛。这是一大遗憾。

　　最高兴的是，今天终于在第五赛段的起点处的老农那里买到了三毛钱一斤的而非三元一斤的西瓜，而且切出来不好的现场可以换一只，我说，明年比赛的时候我还来你这里买西瓜，她说不行了，明年上游的水坝就建成了，我们这里就淹了，你现在站的地方就在水底下30米。

开阳的比赛流水账

（本文为比赛备忘，平淡无味，慎入）

两天的比赛结束了。第一天的第一个赛段我就全力驾驶，但新的差速器锁得太紧，而且不知道什么原因车很慢，但我感觉时间不会差很多，赛段出来一看，差了对手30秒，我的世界观就崩塌了。第二个赛段就拼得更凶了，用了十分力，结果差出了一分钟。对手的车太快了，我们赛段里出来，轮胎依然没有花纹了，但对手的车轮胎还跟新的一样。据对手说这么快是因为换了块电脑，我很想自己购买一块一样的电脑装我车上，也建议WRC车队使用这块电脑，装上去一个赛段快一分钟。

第一次维修的时候，没查出动力下降的原因，实在没有办法，我要求换了块电脑，情况居然好转了。车回到了基本正常，于是又拼了两个赛段。我已经毫无保留，今年路比去年滑，在大部分车手做的赛段时间相比去年都要慢的情况下，我每个赛段都要比去年自己做的时间快十几秒。但还是被对手轻松拉开一分钟。这意味着，我要比对手快，每个赛段要比去年的自己快40秒左右。今年的车和去年的车用的是一模一样的，而且去年也很拼，如果我真的做到了，岂不是证明去年的我是个傻逼？

第一天居然慢了两分钟。

今天的第一遍比赛没有昨天那样拼命，我的赛车的液压手刹还没有装上去，现在车上的又几乎没用，所以很多回头弯损失了不少时间，自己的驾驶也有一个小的失误，耽误了一两秒。但还是相比对手30秒30秒一慢。在今天的第二个赛段，王睿的赛车机械故障退出了，而且一个赛段有上千个转弯，他退出的那个弯道就是我去年退出的那个弯道，我都看傻了，差点冲出了赛道。

回到维修点，我看见其他两名队友的后避震都坏了，有的穿了有的脱落了，幸运的是我的车没有出现问题。车队告诉我一定要慢，要跑完比赛，但是我去年就是在最后一个赛段想拼第一的时候退出的，所以我决定依然发力，这样才能克服心理障碍。王睿退出后，对手也没有了压力，开始放水，自己比自己要慢了30多秒，所以第三赛段我居然可以捡一个赛段第一。在最后一遍比赛我要赶时间交表的时候，一个工作人员拿着一张纸向我要签名，我在戴头盔插通话器调节赛车的刹车分配准备要发车，所以就草草给他签了一个名字，他可能看见我签得很草，大声说了一句，这简直是在侮辱我的人格。这让我情绪一直很低落，还好一比赛就全忘记了。最后完成了比赛。这次比赛很辛苦，用掉了很多功力，除了动力一直有问题以外，其他都正常。最后得了国家杯的第三名。和去年一样，又要拼最后一场龙游拉力了。希望下场有竞争力。

试车记录

车队通知早上五点试车。之所以这么早是因为奥迪很有钱，包了天马山赛车场一个月，我们只能在他们使用场地前试车。我本来想前天晚上住在松江，但奥迪真有钱，把酒店都包了，我只好回家。

这两天又长牙，脸肿得有点像祁宏，天天很痛，为了防止下周比赛的时候影响头盔戴不进去，所以必须消炎。但药物似乎没用，我也最怕打针，怎么办？

五点去了车队，看见了今年的新赛车。技师已经工作了三个通宵，但遗憾的是，还是没能试车。车队今年很重视场地赛，新赛车很贵，本体就是9万块钱的POLO，全部改完就近300多万了。之前看到过某些智障就此留言说，你们车队真傻逼，300万为什么不买一台法拉利430去参加比赛。我只能告诉他，这就像你问世界拉力锦标赛里的福特车队说，今年的奔驰F1赛车那么强大，你为什么不买他们两台赛车去参加比赛一样。而且原装的法拉利430是没有我们的场地赛车快的。希望今年的赛车能够有足够的竞争力。场地赛很现实的，排在前面的车手水平都差不多，如果弯道差不多，人家的车马力愣是比你的车大，直线上你只能眼睁睁目送人家越走越远，抱着一颗如果我的车能发射导弹就好了的心。

希望周末开始的场地赛可以有好的成绩。而且就在上海。全国一共三个赛车场，我在另外两个场地珠海和北京都拿过第一，唯独在上海的最好成绩就只有第二，拉力赛第二，场地赛也是第二，在老家一直拿第二是一件很二的事情，希望今年可以洗脱。

竞争力

因为去年一年我的赛车用的都是老车加老发动机，和对手的马力相差了百分之三十以上，所以去年是没有任何要夺冠的心的，而且比赛的时候开得我直想睡觉。纵然这样，拿了两次第三我还是非常满意了。这次在天马赛车场测试新车，以前老车的最快圈速是1分13秒1，这次新车测试还有一点下雨，自己也开得乱七八糟的，第三圈就做到1分11秒7了。第四圈变速箱故障，所以没能继续。那还是在车没有任何调校的情况下——前后轮都不在一条直线上，差了8厘米，下雨天开出来是三条轮胎印。这说明我们的新车还是很有竞争力的。如果调好了，应该很轻松能够进1分10秒。

今天去了上海国际赛车场，大雨。我很喜欢开雨天，以前的比赛在雨天基本都很快，但我的车数据记载器的线被方向盘给卡断了，所以没能试成。少跑点也好，我们的发动机的寿命只有10000公里，平均赛道上的每公里成本要好几千块钱，就当是给车队省点钱。王睿的车很轻松就可以做到比对手快半秒的时间。当然，对手也很可能没有尽全力。不过总之大家是可以搞在一起了，不像去年，一圈要差两三秒多。我的时间应该和王睿的差不多，但车还没彻底准备好。我的维修组长叫吴记星，但是很有记性。为了弄这台车已经连续好几个晚上没睡觉了。当然，改白天睡觉了，大家都很辛苦，希望明天做的时间很快。

因为1600CC组的无限改装规则，我们的圈速已经超过2000CC组的赛车了，再快一点都要比初级方程式快了。我个人很喜欢这样，希望明年可以改钢管车（和钢管舞没关系），继续放开规则，让厂家都进来，这样，我们的赛车估计很快做的时间要比世界房车锦标赛的车快了。

转向不足，人品不行

我从来是喜欢转向过度的，拉力车场地车都是这么调的，但新的场地赛车怎么调都是灾难性的转向不足，每个弯都要比正常慢个点1秒多。前弹簧已经换成软20的了，倾角已经4点0了，再大就要影响刹车了。今天试一下降低车身5毫米和把前束改为0，避震的回弹再快三个刻度。车头需要下压力，真想自己用可乐罐子做一个空气套力件。而且前面已经是超软胎了，后面是硬胎。活这么大从没有碰到这样的转向不足，如果这样极端的明明是转向过度的调校还是不行，那只能证明我人品不行了。

至于什么是转向不足，希望不懂赛车的朋友不要想当然。因为当我一次向我一个朋友提出这个问题的时候，他说，你多打点方向就行了嘛……

杆位发车

今天下午的排位赛很大的雨，虽然我的车没怎么试过雨天，但我个人还是很喜欢下雨。排位赛是所有的车都在场上的，所以遇到很多慢车，每圈都有。所幸有一圈虽然遇到了两辆，但没有什么阻挡，虽然有失误，但做出了2分16秒064的时间，比两位对手快了半秒左右，得到了杆位，想继续尝试更快的时间，但赛道上居然有一个别的车掉下来的排气管，我眼睛也够大，居然没发现，直接撞了上去，把我的水箱和机油散热器都摧毁了，水温立即上升到105度，为了保护发动机，只能在赛道上抛锚了。不过后来对手也没做出比我更快的时间。明天可以排在第一发车，视线应该很不错。

王睿的发动机发生了一些故障，只在最开始做出了单圈时间，然后就一直在维修区，无法解决。希望他的发动机问题可以排除。我的车今天的情况比昨天大有好转，干地都比以前快了2秒，就是得益于王睿工程师调校的车。而且车一下子就有很多转向过度，在很多高速弯道车都是横着漂移好几十米，当然这是失误。在柏油路上，漂移是最慢的过弯方式。

希望明天可以保持住这个位置到最后。

另外听说教育部原则上禁止大学生在外租房了，想来真是可悲啊，二十好几的人了，还得集体住宿，想同居这下都难了，大学毕业就是24岁，很多家庭要求25岁前要结婚，尤其是女孩子。我们的婚姻不幸率一直很高，就是因为我们的所谓的教育，6年小学，6年中学，4年大学，刑满释放的时候就已经过了大好的青春，然后又很着急结婚，婚姻美满才怪，事业有成才怪。

不过没有关系，这是原则上的。去年，原则上是可以在外面租房的，今天又不允许了，那如果我已经租了一年的房子，结果中途不能住了，这个违约金是不是由教育部承担？而且很多时候，原则上就等于没原则。

库比卡

下周是全国汽车锦标赛北京站，本来今天晚上的F1想去做上海体育台的解说嘉宾，但因为要开车去北京所以没能去。刚才在电视里看见了F1最近几年最严重的一次事故。库比卡有一次非常严重的正侧面撞击。他是我非常喜欢的一个年轻车手，非常有前途，有很好的控车能力，希望他能最终没事。

另外说几句题外话，现在全国汽车拉力锦标赛发展到水平很高，赛事规模和水平已经在亚洲遥遥领先。但拉力赛和场地赛不一样，比赛的赛段都非常偏远，离开省会或者县城很多时候超过一小时车程。我这两年比赛看见过很多次事故，有的比较严重，从赛段封闭到救护车赶到然后送到医院在很多地方的赛段都超过两个小时，比如贵州六盘水站，赛道有点危险，很多山路边的悬崖垂直落差接近100米，如果发生事故，转要去贵阳的大医院可能要超过8个小时。而且我们还经常出现赛车失踪。尤其是最近几年有很多没有经验的新手。所以在此希望中汽联可以为赛事配备救援用的直升机。同时为赛车配备GPS。限制纯新手参加某些赛段的比赛。

要不然全国汽车拉力锦标赛迟早会出大事的。

今年的比赛

2006的全国拉力锦标赛一周前结束了。这场我们车队三辆车全部退出了，还丢了连续五年的年度冠军。今年的比赛对于我也很困难，第一站亚军，第二站第四，第三站在国内车手组领先的情况下最后一个赛段最后几公里处退出，第四站在领先对手一分钟的情况下半轴断裂退出。当然，这次是亚太比赛，我们上一场的新赛车没有在国际汽联注册，所以不能参加，只能用老的赛车参加比赛。希望明年的亚太可以沿用新赛车。谁帮我注册一下，只要像注册新浪博客一样就可以了。你信不？新车注册是很麻烦的。

我和王睿在底下交流的时候，很希望有两辆有真正实力去争夺冠军的赛车。对手的引擎是200马力16气门的时候，我们是150马力8气门；对手是直牙序列变速箱，我们还是传统的民用斜齿变速箱；对手使用MOTEK电脑的时候我们用的还是原厂的电脑。虽然我们赛车底子很好，车队也足够强大，参加的比赛比对手多一倍，我们是全国唯一拉力和场地都参加的车队，今年在拉力和场地上分别有全心投入的强大对手，所以我们只拿到了年度亚军。但现在肯定又不能退出一个比赛专心玩一个，那不就变成永远输了嘛。三菱，富士，尼桑，丰田，通用，现代，起亚，一汽，华晨，NISMO，PRODIVE，明年全来中国了。这样才好玩，才是真正的混战。要不然人家说我们前5年的胜利是山中无老虎猴子称大王多难看。四个月后，希望上海大众和我们车队打造出两辆好车，这样才可以给厂家车队两个总冠军。

局部完美的结局

2007所有的比赛都结束了。在最后一场亚太拉力锦标赛暨全锦赛上龙游站上，终于艰难地得到了冠军，并且帮助车队拿到了全国汽车拉力锦标赛年度车队总冠军。要感谢领航孙强和技师的工作。王睿虽然昨天不幸退出，但凭借前几场的积分和今天的阶段积分3分，惊险获得了国家杯的年度车手总冠军。要恭喜他。对手任志国排在年度第二，我在年度第三。我们三个人的积分应该相差只在三分左右。同时恭喜徐浪获得N组冠军和明年的拉力1号车。

我4年前最早参加的就是拉力，这个拉力的冠军迟来了很多年。以后会更多的。也很高兴今年车队包揽了全国汽车场地锦标赛车队冠军、车手冠军、全国汽车拉力锦标赛车队冠军、车手冠军。很难再有车队能破这个纪录。了解赛车的朋友应该知道，同时问鼎拉力和场地的难度有多大。这在亚洲和世界范围里都很罕见。而且车手是同样的两个。

今年我的成绩很稳定，一共11场比赛，全部是全国最职业的顶尖赛事，完成了10场，唯一退出的一场是因为机械故障。只要完赛，就进入了前三。带来后果的驾驶失误率为0。

场地赛的6场比赛，全部完成，一个冠军，三个亚军和两个季军，最后得到了年度车手总冠军。

拉力赛的5场比赛，赛车电脑故障退出一场。一个冠军，一个亚军和两个季军，最后得到了年度车手季军。

我明年会更强大，据说拉力和场地都要换车，希望车队能研发两辆有竞争力的赛车。

太贵

　　前几天从北京开车回上海，路过了几个休息站。在高速公路的休息站消费是实在没有办法，但是，显然他们要比我们更加明白这一点。我在阳澄湖吃了一顿饭，25元，在新泰休息站吃了一顿饭，20元。阳澄湖那顿口味和服务态度就不说了，但可喜可贺的是，我见到肉了。新泰休息站是自助的形式，20元一位，一共将近20个菜，远远看，餐厅上面的照片都是大闸蟹和红烧肉，走近一看食物的实物，春意盎然，绿油油的。我一开始没在意，吃了半天觉得缺了点什么，仔细一想，原来是没有肉。

　　这实在很难，20个素菜里看不见肉，而且那些素菜还不带重样的，那需要多么精心的准备啊。敢情这是招待少林的最高规格啊。当然，新泰休息站的工作人员人品还是不错的，因为我看见餐厅的大堂里挂着一幅锦旗，是山东省体育局的人表扬该餐厅员工捡到了他们的女儿后，毅然归还——餐后不慎千金失，品德高尚物还原。

除了吃饭，高速公路休息站里的商场也都很贵，快和机场有一拼。唯一比机场厚道的是吃完饭再出发的时候不用交休息站建设费。

按照我的经验，在休息站的餐厅里吃的东西，外面也就卖5块钱，也就是说在休息站里贵了4倍，而且还难吃。我必须发扬我们民族的美德，扣帽子——现在的卡车司机事故率这么高，是不是因为没吃好造成的？

当然，这些对我本人来说影响不大，我三年吃不了一顿，但对于那些常年跑京沪线的卡车司机来说的确挺辛苦的，又贵又难吃。以前看见他们吃泡面，觉得挺心酸，现在看来，还是吃泡面更强。

但是，大小便居然不用钱哦，好福利。

对京沪高速苏山东段汽油的疑惑

京沪高速我上过好几十个回合，这次来北京也是，我的感受是大卡车司机的素质比以前有所提高了，不会看后面有车就突然从慢车道开到快车道来故意别你一下。当然，是因为他们基本上一直开在快车道。中国的高速公路就是这样奇怪和恶性循环，它是反的，超车道里全是卡车，因为超载的卡车把慢车道的路都压坏了，还是快车道开着平坦；而慢车道里全是正常行驶的在不断颠簸的轿车，要超车的话只能去紧急停车道；要紧急停车的还是直接翻到高速外面比较安全。

但在这条中国最重要的高速公路的休息站里，你想加97号汽油是很难的。江苏还能加97，到了山东，不光几乎没有97，而且很多是乙醇汽油（去年京沪高速的加油站几乎全是乙醇汽油，今年已经有所改变）。关于乙醇汽油是否对发动机有损伤的争议一直都有，但似乎山东的加油站的员工很乐意上面规定用乙醇汽油。我在江苏进山东以后第一个休息站停下来说加35升93号汽油，那儿的员工就一直说这是乙醇汽油，用了对发动机很不好，甚至会拉缸。这明显是危言耸听，虽然中国的油品在国际上是出名的差，但不至于乙醇汽油用了要爆发动机，国家没那么热衷于让你拉缸吧。但真正的动机在后面，那员工以快到我从没见过的准光速动作为我添加了四小瓶指甲油大小的汽油添加剂，若不阻止，看这架势恨不得用添加剂把你的油箱加满。然后说，这是为了车好。我扫了一眼，地上垃圾箱里至少几百瓶添加剂的残骸。加完油后对我说，添加剂30块钱一瓶，4瓶一共120，35升汽油是160多，必须得这么加才行，要不汽油就将损害发动机部件。差不多用了300块钱加了35升93号油，接近10元一升。这价格正是心和石油一样黑的中石化和中石油的最终幻想啊，没想到提前在山东实现了。

而我发现这些使用乙醇汽油的山东休息站里用的都是同一种添加剂，很明显，这里面是有猫腻的。回扣是肯定的。在我离开的时候，又有一台车要加油，员工的第一句话就是，这个汽油会影响发动机的，可能会拉缸的，你还要加吗？下一个休息站也是乙醇汽油。全山东都是乙醇汽油。只有济南有98号，大概400公里，你的油够开过去吗？

那边一听差点没气背过去，说，废话，我要是还能开400公里我来加油站干吗？既然这汽油不好，干吗全山东都是呢？

员工说，我也不知道，这是国家规定的。对发动机肯定不好。弄不好加一次就得大修，所以你得使用汽油添加剂……

当然，很大的过错在于国家的相关部门。虽然我开去北京的车很一般，可以用93号汽油，但这条国家最重要的高速公路上至少要多几个可以加97号汽油的地方，要不然很多稍好点的引擎的压缩比比较高的进口或高级国产汽车很难加到合适的汽油（说到这，肯定有仇富的人会想，傻逼开好车的王八蛋活该加不到油，爆发动机最好，反正他们有钱，乖乖掏钱修车呗哇哈哈哈哈。他们从来不会联想到有朝一日自己也可能事业有成开着一辆好的汽车在京沪高速上加不到汽油的模样。所以，有这想法的人，基本上一辈子都会穷）。

而既然普通汽油用得好好的，为什么要在某些省推广乙醇汽油？用惯了普通汽油的汽车在换用乙醇汽油的时候，应该在引擎的油路的点火正时上做一系列的调整，并缩短保养周期。乙醇汽油稍微环保一点点，但一个国家用不一样成分的汽油很麻烦。我的一些朋友的反映是乙醇汽油的确比普通汽油差，动力下降，有时候堵塞油路。既然推广了这个汽油，至少要让大家知道乙醇汽油和普通汽油的区别，各有什么利弊，如果要换加乙醇汽油汽车要先去做些什么准备和调校，要不然就被加油工人说的好像国家要坑害你的汽车似的，而能拯救你的只有30元一瓶100多一次的添加剂。

（另敬告大家，请不要相信添加剂，省油阀，加速器，地线高压线等号称可以增加马力同时改善油耗的东西，它们绝大部分都是无效的）

汽车知识和生命模样

前几天，又一位台湾明星离开。我之前没有听说过她，听说是个有才华的美女。非常可惜。事故是一场车祸，许多娱乐新闻指责她的汽车前方安全气囊没有打开，是导致死亡的原因。

其实，她所坐的MINICOOPER不算是报道中说的那样，是"安全系数最高的车"。在香港，它卖19万港币，POLO也要14万多港币。她的车只是一个女孩子比较喜欢的可爱小车。但安全肯定不会有太大问题。撞击的部位是侧面和后面，所以，车子的侧面气囊和气帘全部打开了。这是第一次撞击护拦的时候打开的，第一次的撞击属于蹭护拦而已，人员本身受到的撞击力都非常小，而且有气帘的保护，所以肯定不会有大问题。

真正致命的撞击是第二下的卡车追尾。当时所有充气的气囊都已经泄气，没有保护作用，而且这下的力量是非常大的，如果车是歪着停的，那么，肯定有一侧人的脑袋会撞击到玻璃或者B柱。而另外一侧的人不会有太大问题。这是常识。就看谁倒霉了，是坐在汽车车头歪向的那一边。

前面的气囊不打开是完全对的，因为车头一点损坏都没有，所有的传感器都没有接受到撞击的信号。试想，这是后方的撞击，人是猛然往后退的，身体可以被座椅托住，但颈椎和大脑的受力是非常大的，在猛往后的时候，再被前面莫名其妙打开的气囊雪上加霜一下，本来不死都得死。所以，撞击在后面的，世界上所有的车的前气囊都不会开，换劳斯莱斯也一样。如果追尾时候前气囊开了，那才是质量问题。而且非常危险。

安全气囊的爆炸力是可以拍死人的。所以，婴儿是严禁坐在前坐的。

整个事故就是这样。事故调查科的结果也不会和这个有偏差。这样的事故，看一眼汽车残骸就可以断定了。汽车和汽车厂商是没有任何过错的，汽车所有的被动安全保护系统已经完全发挥了它的作用。所以，对于这样一个事故，对于汽车和厂家的指责和怀疑是非常滑稽和不科学的，尤其是关于前面的气囊怎么没打开的猜测是非常业余的。没打开才是对的，如果打开了，她的助手现在说不定也还躺在医院呢。

如果在高速公路上发生事故，如果能走动，请立即下车离开。很多高速事故就是因为人留在车里定定神回味回味的时候，被后面的车辆追撞导致死亡。

对于死，我一直是这么觉得，他们并没有离开世界，他们只是离开了人间。他们一定和我们分享着同一个世界，用不同的生命模式。

上海一些不合理的交通设施

在我经常开车的路线里，我发现有这么些有隐患的地方。

从莘庄的地面道路上高架的道路，在上高架前的路面，有些车发现自己可能走错路，要走地面道路，就想往左边的地面道路并，但其实这里是有几分米高的水泥隔离带的，我亲眼看见过三次有车搁在上面。尤其是晚上加上雨天的话，基本上不能看到。隔离带应该用有色反光的标志。

内环线下走吴中路往中环方向，情况和上面的类似，也是为了防止车辆违章调头，有和路面同样颜色的水泥隔离带，晚上这里每天都要洒水，的确看不清楚。我看到过两次有车搁在锦江之星旁边的隔离带上。也应该用有色反光标志。

沪杭高速杭州往上海方向，过新桥有一个超速的摄像探头，按法规应该设置警告标志，但这个警告标志设置在几乎整整3公里前的地方，这个是不是稍微远了一点？

南亭公路龙泉附近，A5高速公里交叉下的桥，桥下的排水装置的盖子被偷无数，形成很多将近3分米宽、4分米深的垂直缺口，非常小型的汽车压过去，轮胎钢圈和悬臂会变形。如果是摩托车压过肯定就摔惨了。出过几次摩托车的事故。已经一年多。

从虹桥机场出来上高架，没有标示外环线的两个方向的走法，连我一年坐几十次飞机对这一片很熟的都得慢下来好好用脑子想一想，还经常走错。当然，可能是我比较笨。

还有一些地方，但我想不起来了。等我下次看见哪个倒霉的捐躯的时候再写吧。

上海的磁悬浮

　　昨天知道上海到杭州的磁悬浮终于暂停了（刚才又有新闻说，没停）。我有一朋友在上海闵行区买了房子，住了一年就拆了，因为要建到杭州的磁悬浮。当时我觉得闵行人很不容易，机场，高速公路网，磁悬浮，环绕他们的交通工具都够快的。

　　我可以想象，磁悬浮的停建，市里的一些人有多么不甘。因为我们现在有高铁可以代替，速度不比磁悬浮慢，而相对容易构建成铁路的网络，造价也要比磁悬浮便宜一倍，到杭州只比磁悬浮慢了几分钟。那有什么可犹豫的呢？其实答案很简单，不要想得那么复杂，也不要深究什么工程回扣之类没有证据的东西，其实是因为磁悬浮好听。

　　中国的很多官员其实是很土的，他们觉得自己的办公楼晚上用灯打着，造得跟罗马似的很新潮。同样，磁悬浮不用轮子，看着很牛。就和他们自己年年会被评选到的一样，两字，先进。还有一个巨大原因是别的国家没有磁悬浮，欧洲唯一一条短途路线运营了11年也终于停了。这下好，只有中国的火车是在天上飞的，说出去多神气。你欧洲日本的虽然有比磁悬浮更快更方便的高铁网络，那你们那个也便宜，不气派，归根到底还是铁路，而我们这个，虽然不是自己发明，人家德国人拿了重金死活还不肯出让技术，但我们这是悬浮，是幽浮，是UFO，不一样的。

　　第一条磁悬浮开通的时候，上海人民那个高兴啊。虽然现在眼看这个项目是不是得500年才能收回成本。当然，我们可以说，这是城市的名片，雌悬浮。可一张就够了，偏不，要两张，有了雌悬浮怎能没雄悬浮，这样可以组成雌雄双煞悬浮。有些外国人的东西，自以为很先进，连人家外国人都用不起，觉得咱们有了所有外国人都会叹服，其实人家在背地里笑你傻。在很多方面，我们玩的都是别人玩剩下，但还不满足，我们还要去玩别人不要玩的。

沪杭磁悬浮停了是件好事，但我觉得很惋惜。因为磁悬浮也是一张名片，代表了那种脚不沾地的形象。

诗人急了，不写诗了

　　说实话，我是很不喜欢现代诗人的，现代诗人所唯一要掌握的技能就是回车。现在这一批诗人和最早那一批的区别是现在这一批连社会责任感都不大有了，"诗人"这个称号是对自己混乱萎靡生活的一个开脱。大多数工作都是要付出劳动去掌握技能的，唯独写竖着现代诗最轻松。

　　对

　　不

　　对

　　？

　　今天看到了两个诗人的文章。这说明，诗人一旦写除了现代诗外的文体，就逻辑混乱不知所云了。当然，这也充分说明他们的文章和他们的诗是一脉相承的。我们不用理会纯洁诗人的龌龊用语，我们只要欣赏他们的文笔，就可以明白，为什么他们只能写诗，原来真的是除了诗以外，别的都不太会写。

杨恭如为什么不能谈音乐呢？他们还一直觉得，比如音乐，比如诗歌，是行外人或者老百姓不配随便谈论的。"你们这些芸芸愚民是不懂诗歌的。"他们觉得，网友只能模仿赵丽华的表面分行，并不能模仿到她的智慧与哲学内涵。而恶搞的人都很无耻，都是不懂诗歌的。我建议我们把赵丽华的诗歌先排成横的，然后让赵丽华自己再分一次行，看看能不能分得和原诗一样。

我情不自禁要写一首诗。

《行》

你行

你就分行

不行

你行行好就别分行

别行不行就分行

免得分的行又不行

诗人决定你分的行行不行

行不行

你的行就不行不算行

关于沈诗人，我们百度一下，发现一个消息：

杨黎列出的邀请名单中包括了在北京的各个流派的诗人，有"朦胧诗"代表诗人芒克、梁小斌；"知识分子"代表诗人孙文波；"莽汉"代表诗人万夏；"城市派"代表诗人张小波；"口语"代表诗人唐欣、阿坚；"下半身"代表诗人沈浩波、尹丽川、巫昂；"废话"诗人乌青、吴又等。

原来他是"下半身代表"诗人。我一直以为人只有上半身才能戴表呢。让我大开眼界的是，原来诗歌有这么多流派啊，我以为诗人都是闲云野鹤呢，没想到开个研讨会马上就全到齐了。

那他们去那里做什么呢？

昨天，"废话诗"的发起人杨黎发表声明，称要召集京城各个流派的诗人，9月30日在北京万圣书园召开一次诗歌朗诵会，"力挺"赵丽华。

原来是去诗朗诵了。

回到正题。

我所不能理解的是，身为诗人，想要骂我的时候怎么就不写个自己最擅长的诗呢？原来诗人急了以后也开始大白话了呢。难道是伟大的现代诗不够力量？当然，诗人转念一想，马上会说，用伟大纯真的现代诗骂我就是糟蹋诗歌，那你也不能糟蹋别的文体啊，虽然你们写的是说明书体。个人建议，诗人们应该写诗反驳，一展现代诗无所不能的雄风。

对

不

对

？

文学群殴学术造假，案件聚焦大结局以及主要代表讲话

其实当初写第一篇文章纯粹因为我心情不好。但这样的文章我想写了至少有五年了。白烨文章里的圈子意识是我极度厌恶的。相声为什么发展成今天的样子，就是因为太讲究圈子里的辈分资历。文学是艺术的大宗，某些人还以为自己是邓小平，以为哪里划个圈那里就是特区。大圈圈就是这帮人组成的所谓"文坛"。他们把持部分话语权，胡说八道，指鹿为马，拿钱说话，策划图书，迂腐愚昧，停滞不前，倚老卖老，道貌岸然，阳奉阴违，装逼扯淡，强奸文学。

其实，归根结底，不用任何争论，他们会被自然淘汰。

在今天的采访里，著名文学评论家解玺璋说：如果我是韩寒的家长，我绝对大嘴巴扇他，有人养没人教。

这就是一个文学评论家的素质。

以后成语词典里"倚老卖老"的解释就改这句得了。多生动，还带表情的。

解说得对，文学要的就是有人养没人教。这帮道貌岸然的伪君子，对晚辈的看法永远是：你要我教教才行，才能知道什么是文学。

谁上当谁完蛋。

文学评论是不可信的，从白烨的光辉历史上我们已经能看出来了，这也算是一种学术腐败，他还是社科院的研究员，享受国务院津贴的人。白烨是千万这样的人中的一个，为什么偏偏选择了白烨，至少也要给白烨一个交代，飞来横祸为什么，究竟为什么！

对不起大家，我这理由有点不够豪迈，是因为您姓白，B开头，在新浪右边的评论家的名人博客索引里排在最前面，被我第一个看见了。谁让你姓白，以你干的那些事，你应该姓黑才对，这样H开头，还能和我挨着。最危险的地方说不定就是最安全的地方。

今天的采访里有一段：

当记者向白烨求证韩寒质疑他职业道德的那三个事件是否属实时，白烨一直不肯做正面回答，只是强调自己工作忙得根本顾不上这个"韩白之争"，并表示昨天上午和朋友商量之后已经决定什么都不再说了。在白烨看来，这件事情本来属于一个网络事件，"垃圾放在垃圾桶里就好了"。

我一直找不出合适的词来形容白烨们和当今文学小坛子的关系，关键时候还是老前辈厉害，给了我启发，原来这关系就是"垃圾放在垃圾桶里"啊。

和任何场合把自己当爹的解玺璋们，收了钱就能把自己当儿子的白烨们，是无法争论什么的，因为他们脸皮太厚，伪君子已经做得自己把自己当君子了。说到底，这是一场互相看不顺眼。"80后"是一个多么缺心眼的概念啊，1979年生的人和1980年生的人区别大还是1980年生的人和1989年生的人区别大？一竿子能打翻一船人，打不翻一代人。

电影结束后，都有花絮，我们的花絮就是这些道貌岸然的人说的一些经典。

白烨代表卫慧：大有作为，她完全可能扮演一个传达时代的情爱新声的代言人角色。

白烨代表李亚鹏：我希望这样一个时间，能为"如何为网络立法和网络道德建设"提供一个反面的例证。

白烨代表韩寒：韩寒骂我，是因为我对他文章的评价不高。

白烨代表社科院："80后"作者和他们的作品，进入了市场，尚未进入文坛；这是有感于他们中的"明星作者"很少在文学杂志亮相，文坛对他们只知其名，而不知其人与其文；而他们也似乎满足于已有的成功，并未有走出市场、走向文坛的意向。

白烨代表作协："80后"继续这样写下去，成为主流文学的后备是完全可能的。

白烨代表环卫工人：垃圾放在垃圾桶里。

解玺璋代表韩寒父亲：如果我是韩寒的家长，我绝对大嘴巴扇他，有人养没人教。

解玺璋代表他老婆：拿我媳妇的一句话说，就是跟一帮孩子瞎逗。

（这绝对是对朋友学术造假的藐视和放纵，所以，自古女人坏事啊。）

作家王晓玉（她谁啊，我怎么不记得写过什么啊）代表毛主席：怎么像"文化大革命"时候的红小兵？这种做法非常恶劣！白烨不过批评你韩寒文章写得不怎么样，你就这样恶狠狠搜罗证据，一二三四列出来，我们从前"文革"时候就是这样的，不允许别人说话，当时整死了很多人（事实上是没人不让白烨说话，他自己把博客关了，王晓玉也是一个不明白过程就瞎起哄的主，是打群架的好帮手，好冤大头）。

作家王晓玉代表白烨的朋友：（白烨学术造假这事）白烨现在没说话，所以我不相信。白烨是一个评论家，这是肯定的。他可能出于某种原因不愿意搭理这个事儿。

（现在好，白烨说永远不就此说话了，按照王晓玉的缺心眼观点，那这事就不存在了。白烨觉得不服气，可以告我，我这还有你一堆证据，博客是关的，法院开着呢。）

人民文学主编李敬泽代表给死猪肉注水的小商贩：郭敬明、张悦然、韩寒他们不是文学现象，只能算作文化现象，他们没有给文坛注入什么。说实话，写得不好。

（那你们当时约我稿干吗？没给你们稿子就改口了？）

陆天明代表所有爹：这孩子被宠坏了！

（叔叔，我自力更生不靠父母七年了。）

陆天明代表不使用搜索引擎的人：也难怪，韩寒才十七八岁嘛，没读过多少书，只知道学校里那点事。

陆天明代表神仙，并指路：愣就是没有人愿意真诚地向他指出（真正的文学是什么样的）这一点。

所有演员代表文学：这不是文学。

因为没得到这些演员的认可。

落幕，看着恶心吗？

现代诗和诗人怎么还存在

　　前两天这里在争吵诗不诗的问题，没看，觉得奇怪。因为我的观点一直是现代诗歌和诗人都没有存在的必要的，现代诗这种体裁也是没有意义的。这年头纸挺贵，好好的散文，写在一行里不好吗？古诗的好在于它有格律，格律不是限制，就像车一定要开在指定路线的赛道里一样，才会有观众看，你撒开花了到处乱开，这不就是妨碍交通吗，观众自己瞎开也能开成那样，还要特地去看你瞎开？这就是为什么发展到现在诗歌越来越沦落的原因。因为它已经不是诗，但诗人还以为自己在写诗。

　　写散文就写散文，"散文家"这个名称自然没有"诗人"那么好骗文学女青年。好好的标点符号摆在那，你非不用，先把自己大脑搞抽筋了，然后把句子给腰斩了，再揉碎，跟彩票开奖一样随机一排，还真以为自己是艺术家了。千万别拿徐志摩的"轻轻的……"和海子的"……春暖花开"跟我说事，写了几十年句子出几句顺口的也是应该的。但是，总体来说，我觉得现代诗的最多价值只能作为歌词的一个小分支存在。既然没有格律了，那有写歌词的人就行了，还要诗人做什么。

从上学开始我看见图书馆里的现代诗集就是这观点，永远不会变了，如果数学习题册像现代诗集那样排就好了，打草稿的地方全有了。在我所有的小说里，每本都不忘要讽刺现代诗一下，然后自己写一首，还真有没看明白的读者以为我喜欢现代诗。所以今天就说得直白一点，最后，我要赋现代诗一首。

小诗一首

《飞机上落枕》

小

或者诗

一首还是两首

今天晚上的脖子

特

别疼

是

飞机上睡落枕了

还是

飞机被我睡落枕了

他说

以后写

散文

再散

再散

也别忘记了

要用标点符

号

唔

假装火车

前几天的"马六围悍马"事件现在终于过去了，上期的《南方周末》假装从公正的和与众不同的视角出发，描写了一下这个车友会的生活方式，当然，基本也真不到哪去，比如他们用来撑门面的那句——"我们车友会不少人家里也有法拉利这样的跑车，但是参加活动都是开马六去的"。

借我"不少法拉利"搂一眼。

但是，事到如今，指责是应该的，事实的确是他们错，但也没必要到不可饶恕、爹妈死绝的境界，世界上比这恶劣的事多的是，发生在你身边你敢怒不敢言的也一大堆，就算人家不道歉，那就让人家去好了，就像郭敬明抄袭这事一样，已经过去了，罪不至死，不能因为两人的距离是隔着电脑八竿子打不着，就说个没完来表现自己的伪正义感。你真有那么正义吗？

但大家都忽略了这个，就是他们说的"我们开的是每小时90公里，高速限速是每小时100公里，悍马冲进来，想超车"以及围攻的理由"悍马打乱了马六的队列"。几乎任何国家都有类似的规定，超过一定的数目车辆，在马路上列队行驶是违法的。大规模的列队行驶一般是政府行为。但我们国家一方面喜欢热闹，觉得这样显得团结，一方面大家都有那么点特权意识，所以很多车友会活动都喜欢列队行驶，而且一旦自己那妖娆华丽的队形被打乱，就急了，什么警报器步话机等汽配城几十块钱装的假货都用出来了。就像你开着20万的车出门，感觉腰杆没那么硬，但50辆车一起出来，就感觉自己开着一辆1000万的车一样，大了。

我个人不喜欢参加车友会活动的原因是不喜欢列队行驶，一排车这么开着，太无聊容易瞌睡。但我见过无数次车友会列队行驶的活动，的确非常妨碍交通。国道和高速公路都是一样，因为他们的假团结产生的特权意识，导致他们就像贞女一样，不让别人插进来。公路上就一两条道，有的时候你们占满了所有车道，又开那么慢，对于插队车的处罚比国宾车队都狠，的确很讨厌，甚至连扔个雷进去的想法都有。有几次我没办法就开到他们队里去了，于是音高和音准不对的假警报叫成一片，我觉得特搞笑，敢情你们这是护送我呢。当然，碰到一个没我那么看得开的，到队伍前面去刹一脚车，后面就得追成一串，而且是同一牌子同一型号的车，也很壮观。

我自己就看见过一次类似的，上次在北京比赛的时候，去往赛车场的路上，标致206的车友会活动，在离开收费口不远的地方，大水冲了龙王庙，七八辆206非常可爱地轻微追尾在一起。在各个论坛上，因为列队行驶，导致全队追尾的也不少，某中华车友会，也是列队行驶，使横，结果被人报复，到队伍前面去刹了一脚车，车友会追成一片，还都是自己全责。

所以，以后的车友会活动，还是约定好，然后差不多时间大家各自开到目的地就行了。有什么好排队一起开的呢，借用组合而形成力量是件丢人的事，实在没什么威风的。要伟大，别伪大，没事好几十辆汽车开一起，意淫在执行公务，假装自己是个火车，我个人是实在觉得挺傻的。就像我的广东朋友说的，你有阿力，我有阿力，大家都有阿力，街上开车，不要再施加阿力了。

千万不要这样想

这哥们买了一辆新S350，在高速公路上因为CD滑落地上，他侧身捡起，结果偏离车道，追了大卡车的尾，女儿和老婆受伤。因为车的8个气囊一个都没有弹出，所以向奔驰索赔，不成，在黄河边上拉起了一条横幅。

就我对汽车的了解来谈一下这件事情。首先，我们的车主和新闻媒体喜欢用"八个气囊一个都没有弹出"或者"十个气囊一个都没有弹出"来说事，但大部分的撞击，基本上只会弹出两个气囊，要全部弹出不光要翻车，而且还会翻出一定的技巧。所以，不是弹出的气囊越多越好。

就这起事故来说，奔驰公司是没有责任的，因为这不是完全的正面撞击，是他开车钻进了大卡车的车尾，整个引擎盖被铲了起来，但前保险杠都是完好的。世界上任何汽车的安全气囊感应器都不在引擎盖子，而在保险杠的后面，所以，换作世界上任何一辆汽车，在这个情况下安全气囊都不会打开。

退一步，就算气囊发神经打开了，对于这次事故也是没有帮助的。很幸运这台汽车的A柱足够结实，所用的钢材也足够坚固，才能阻止了卡车车尾侵入驾驶舱。如果卡车的车尾插了进来，安全气囊也是根本没有帮助的。所以，在这起事故中，安全气囊不打开是没问题的，而且打开了也是解决不了问题的。

这就和以前一起车主被追尾然后责怪安全气囊没有打开一样，都属于对汽车知识不了解。

虽然奔驰没有给我什么好处费，但我还是要说其实车主应该感谢奔驰汽车。依照车主的驾驶风格，我劝车主放弃使用国货的想法。大家就当我崇洋媚外吧，这次事故如果换了纯自主国产汽车，恐怕车主就不能这么玉树临风地站在黄河边上拉横幅了。奔驰、宝马、奥迪、沃尔沃、萨伯、雷诺在汽车的安全性上还是非常可靠的。这点国货还要努力很久。

当然，全中国除了黄晓明不能说奔驰坏话以外，其他人都可以。所以下面轮到说奔驰坏话了。我以前有过一辆ML350，在短短半年的时间里，空气悬挂压力阀坏了，车内的顶灯坏了，空调的调节按钮坏了，电动行李箱坏了，林林总总坏了七八样东西。然后我就卖了，我一没司机二没助手，我平日起床的时间正是你们店关门的时间，我是实在没空修车。

最后说一下这位车主，首先，我对他是不是以后只用国货很感兴趣，也希望新闻可以跟踪报道这个兄弟最后到底使用的是哪个国货。要知道，合资品牌算不得完全的国货，就算是红旗牌，说到底也就是丰田的皇冠，而纯国货中恐怕在欧洲的碰撞测试中过三颗星的都没有。也就是说，国际品牌的碰撞测试最差的车型最差的结果也差不多是我们纯自主国产车最好车型的最好结果。这个事实是我们的一颗愤青的心所无法改变的。我们也不能说国货才刚刚起步，要给国货足够的时间和耐心，我们有信心。我当然无所谓，关键是这哥们等不及了，人家等着买车呢。

导致这起事故和他的妻女受伤的主要原因是这哥们在高速公路上开车的时候捡东西和自己的操作失误。他应该抱着一颗跳黄河的心强烈的自责，请求妻女的原谅，而不是在黄河边上责怪救了自己一命的汽车。卡车没有安装轿车的防追装置也是一个问题。他妻女受伤的原因我估计是没有系安全带，因为虽然车损伤看着挺重，撞车的场面也挺恐怖，但其实撞击的力度不算很大，如果系了安全带是不会有任何问题的。不要过分相信安全气囊，安全带更加的重要。赛车肯定危险吧，但世界上所有的赛车都是没有安全气囊的，只有更可靠安全的安全带。

　　所以，再次重申一下两点人身安全需知：套好安全带，戴好安全套。

传统美德

前前一篇文章，我说，世界上根本就不存在早恋或者偷食禁果。无论什么样的年龄，只要双方喜欢，心甘情愿，任何的感情或者性行为，都是天赋人权，那是人类最大的权利，是不能被别人干涉阻止的。我觉得这是一句在世界范围内都很正常的没人会觉得有什么可争议的话，但很多人批评我，说等我有了自己的女儿就知道这话多么傻逼，有的说宣传西方式的性解放是错的，会丢了中国的伦理道德人文传统。

我想说，我其实只是好心告诉你，你有权利做这个事情而已，既然你认为自己没权利做这事情，而你和别人相爱相亲，是别人可以干涉阻止的，我也没办法。我的观点是你可以和你相爱的人上床，原来这就叫西方式的性解放啊。或者可能你觉得只有自己女儿没这个权利而已。很多男人就是这样的，玩女人的时候总希望对方年轻一点放开一点开放三点，玩着别人的女儿的同时又希望别人永远别来碰自己的女儿。这可以理解。

我们宣扬的中华民族的美德，什么谦让、诚信、勤劳、淳朴、互助、热情、团结，这些恰恰都是我们民族最缺少的品性。我们差得太远。以上这些品种，你给我一百个例子，我能给你一万个反面的例子。我们之所以有不少关于宣扬这些美德的历史小故事，恰恰是因为我们的大环境其实没有这些美德，我们得靠这个树立一个假的并供自己人学习并意淫的形象。所谓"中华民族的传统美德"就是历史意淫出来的东西，尤其是到了现代。我们意淫了这些根本就不是属于我们这个民族的美德很多很多年了。而这些美德是美好的，说句客气的话，这也应该是我们这个民族的追求。

当然，我们中国人对中国人的评价总是很高的。这就够了。至少我们已经拥有了世界五分之一人口的好评。谁敢不好评谁就是汉奸，我们一人一口痰淹死你。

而且我们地大物博！

不能搞一次

晨报讯：近日，江苏某高校的一名教授到南京出差。因为寂寞难耐，他找了一名小姐带到所住宾馆的房间。没想到，两人在苟合时被突击检查的民警当场抓获。

人到中年的林风（化名）是江苏一所高校的教授，还兼着不低的行政职务。几天前，林风到南京办事，入住新街口一家酒店。当晚，他耐不住寂寞，禁不住引诱，将一名小姐带到了酒店的房间。警察在该酒店实施了突击检查。当民警冲进林风的房间时，他吓得目瞪口呆，身子一软，几乎瘫倒在地上。民警责令他和卖淫女穿好衣服后，将他们带回审讯。在审讯中，林风很快就承认了自己的违法行为，认罪态度非常好。随后，他就对着民警痛哭流涕起来。林风称，自己一直兢兢业业，通过努力成为了大学教授，还兼着学校的行政职务。在他人眼里，自己是个功成名就的人物。"家里上有近80岁的高堂，儿子还在上大学，夫妻感情一直很好。这种事要是被他们知道了，我还有什么脸见他们呢……"林风称，自己是一失足成千古恨，他也对自己一时的冲动感到后悔万分。一番表白后，林风含蓄地提出了请求，希望警方不要将此事通知其家人和单位。

此后，警方对林风所述的情况进行了调查，发现其所供内容确实是事实。撇开其嫖娼一事，林风是个称职的教授、合格的丈夫、孝顺的儿子、不错的父亲。据了解，鉴于林风的身份，其嫖娼被抓这件丑闻引起了江苏省有关部门的重视。目前，警方正对具体细节展开进一步核实处理。据分析，林风很可能面临5000元罚款和15日以下的行政拘留。

这条新闻说明了什么？

1.这个酒店以后免费也不能住，罩不住的酒店不住。

2.说明南京警察可以随时破门而入，住客在房间里要穿好衣服。

3.说明南京警察和记者的关系也很好，本来还想息事，结果还上报了。

4.说明要跟着领导住。看哪家酒店有领导在开会，绝对不会有警察破门而入。

5.说明嫖娼者是没有人权的。巡街不算，还要通知家人。这和家人有什么关系呢？

6.酒店门要锁好。但不排除神通广大的警察破窗而入的可能。

不问安全期，就是没文化

昨天晚上我看了斯诺克大师赛的决赛，中央电视台5套也破天荒转播，唯一的遗憾就是解说如果换上上海电视台的译男和张迅，比赛就会更加精彩。所以整场比赛我都是戴着耳机听音乐看的。

丁俊晖和沙利文都是我灰常灰常灰常灰常灰常灰常灰常灰常灰常灰常灰常喜欢和欣赏的球员。写书的我只有喜欢和欣赏的，完全没有崇拜可言。而他们都是天才，我热爱一切天才。如果让我发现写东西的天才，我会不遗自己微力将他托起，但话说回来，天才是不用别人托的，都他妈从天而降的，而蠢材怎么扶都是歪的。

丁最后输了，有个球迷一直在背后骂他，骂了几个小时。这要是剽悍点的球员，早拿杆抽人家了。这运动给你一根杆，不光是用来打球，还是用来打人的。如果丁在我的博客里多看看评论留言，看多了各种千奇百怪恶毒的辱骂，心情就肯定不受影响。对付这些骂人的人，最好的办法就是只要我过得比你好。你越骂我还越好。施骂的肯定得崩溃。就比如哪天我拿了诺贝尔和平奖，估计要崩溃一大片。

我真是相当喜欢丁和丁他爹。相比起朗和朗他爹是完全不一样的。丁成为世界冠军，没用国家一分钱。国内也有很多人骂丁，说丁没文化，这些人就是傻逼，你以为混个大学文凭就叫有文化？大学生坐个地铁没让座一样是没文化，博士开车晚上会车开远光灯就是没文化，大学教授搞个女生不戴避孕套不问安全期直接射里面就是没文化中的没文化。但如果一个文盲能下水救人，就是有文化。文化和文凭完全不搭界。每个人知识都有限度，我问你汽车倾角和前束对于车的操控有什么影响，清华大学汽车专业的都得瞎了，我问你发动机偏时点火涡轮迟滞英语怎么说，英语十级的人给你本词典你都翻不出来。这些都还是专业对口，我要问余秋雨，汽车马力和超级玛丽有什么区别，余秋雨下场就和那些青歌赛选手一样。就像我上次看到王三表写中青赛里一段，余秋雨问羊倌一问题，人家没回答出来，余说，这么基础的文化知识你不应该不知道啊。其实公平起见，放羊的应该也问余秋雨一个问题，母羊怀孕几个月生小羊。你不是有文化嘛，你回答吧你。

文化就是生殖器，人人都有，有用的时刻才掏出来的。但这年头有些人，往正宗的人中一看，嘿，还突起一块，于是就成天把生殖器露在外面，觉得所有人都在看他，很得意，然后还得上街问那些包着的人——哎，兄弟，你有吗？我怎么没看见。

就你那尺寸，得了吧，你走近看看，你以为我围在脖子上的是围巾吗。

运动有运动本身的文化，所以，一个运动的世界冠军就是这种文化的最大成者。你以为就你念的那点破教科书叫文化？别丢人现眼了。你若只有这点认识，别文化了，赶紧火化吧。

上个大学算什么，再加上现在扩招了，如果我要去骗个文凭，按照我的不算丰厚的经济能力，国内外的大学就已经像妓女一样，站一排随便我点，上一半发现不对胃口还能换。所以上个大学有什么可光荣的啊。别拿大学和文化说事了，这都什么年代了。做人要往剽悍了做，不要往谨小慎微了做。剽悍的人就不用骗文凭，文凭反过来就要去骗他了。丁最后还是去了交通大学。但还好我没能被什么大学给骗去。你大学给我多少钱啊我还得去大学。

世界上逻辑分两种，一种是逻辑，一种是中国逻辑。一帮毫无成就的人居然还指责一个世界冠军的教育模式有问题，就是中国逻辑。昨天换个号称有文化的人上场，估计还一直以为后面的那个骂他的观众在给他加油呢。丁这次打了一杆147分满分，得了将近50万人民币的奖金。我看见网上居然还有人骂。你以为练147分钟就能打147分啊。谁都会心理不平衡，但这样变态的心理不平衡，难道真是中国教育对人类的畸形培养的产物？人家为了打球，在丝毫没有看到希望的情况下，把老家都卖了，举家去广东，你没这魄力赚不到钱就闭嘴。中国人就是这样，恨不得所有运动员和写书的都穷死，穷得在街上要饭，靠政府补贴过日子，然后那些一个月拿个几千块钱的就可以假装同情同情安慰安慰。当个局长之类家产上千万倒是没人觉得稀奇，都觉得是应该的。这是多么可怕的中国逻辑。人家拿个几十万奖金（还是国外的奖金，如果国内发的，肯定又要有傻逼叫唤，这钱干吗不去支援希望工程啊）就叫声不断，说凭什么啊。凭什么，就凭你不能。你为什么不能，因为如果今天你死了，明天就有无数人可以顶替你。

但是，昨天发现丁原来以前都是在装酷呢。他其实还只是一孩子。我看得"心都快碎了"。丁打球的风格我太喜欢了。沙利文也是老天才了，他那份上，荣誉已经无所谓了，纯粹玩了。而且昨天沙利文很有风度和魅力。我太喜欢这两个天才了。

可能是我不够敏感

我们这个民族似乎特别容易被侮辱，经常能从新闻里看到别个国家的商店招牌或T恤或者哪部文艺作品涉嫌辱华了。

我们人民是非常紧张的，经不起任何的非正面言论，包括玩笑，调侃，意见。面对这些，我们一概称为"辱华"。所以，电影里辱华的特别多，记得《谍中谍》就涉嫌过辱华，据说因为有在阳台上晾衣服的镜头。这件事情做成新闻，给人的感觉就是好像我们中国人从来都不在阳台上晾衣服，那是印度人干的事硬套到中国人的头上。不好意思，我辱印了。包括《加勒比海盗》和这次的《尖峰时刻3》，都涉嫌辱华了。每次有辱华镜头的电影，我都会选择没剪过的版本看，看完以后直纳闷，哪里辱华了？倒是每次能看见不少美国人自己侮辱自己和中国功夫侮辱老外的镜头。而且现在的大电影中，越来越多的人知道，这是一个连玩笑都开不起的民族，除了赞美中国的东方明珠真好看以外别的最好都别提。就跟一小孩一样，每次开个玩笑，那边就哭闹半天，大家还真的都怕了你。这和尊敬没有任何关系。

可能是我不够敏感，当有人对我说我的家乡有这样那样不好的时候，我似乎从来没生气过，我只会告诉人家，你说的那些，哪些是真的，哪些是特例，哪些是全球都一样的，顺便还给人家补充一些。

而当我说起别人的家乡有什么问题的时候，别人的反应经常像我把他母亲给怎么了一样。比如我说你家乡的人怎么老骂人啊，对方就会用一万句脏话来骂我胡说八道。这点让我一直不能理解。

很多时候，我们出生在一个地方，居住在一个地方，不是因为热爱，而是没有办法选择，不小心生在这的。既然不是因为热爱，那表现得那么急就是因为太紧张了，触犯他的家乡就感觉触犯了他自己——虽然这些人私底下对自己的家乡，自己的单位，自己的学校的抱怨比谁还多，但就是不能让你一个外人给说了，虽然我的地盘我不做主，但你说了我的地盘就是骂我。你看那些人和你拼命的样子，你就感觉到你仿佛触到了他们的信仰。但如果我告诉他们，其实我是上帝，不好意思说了你们热爱的家乡几句不好，我被你们用生命捍卫自己家乡的行为感动了，我现在可以奖赏你们重新投一次胎，我估计那些人八成"嗖"一声就生美国去了，剩下的全是正犹豫哪个欧洲国家比较好的。

而且，这样的逻辑是可以放大和缩小的，所以，当有一天，欧洲人说亚洲人不好的时候，别以为日本人和韩国人会很紧张，反应最大的就是我们中国人，再扩大一点，当外星人说我们地球人很蠢的时候，反应最大的还是中国人。而且届时我们一定会很中国特色地组织几十万人在草原上组成六个字——我们不是傻逼。一方面向外星人示威，但最重要的一方面是同时申请吉尼斯世界纪录。

我们有那么多的辱华是因为我们太自卑了，看着我们似乎很威风，谁都别想侮辱我们，你国外一个小店都有外交部干涉，几句招牌都能引起国内大规模讨伐，几部电影就能被我们电影局禁止引进，你以为人家会很尊敬我们，其实人家都笑我们傻逼呢。而且我们没有立场，比如某个国家，只要赞美我们，你就是我们的兄弟，你这个国家，都是好样的，如果"辱华"了，恨不能所有的导弹都对着你。而我们对"辱"的底线是非常低的：非赞即辱。

关上门，看看国内的论坛，说到日本人，就是"小日本"，说到韩国人，就是"高丽棒子"，说到印度人，就是"阿三"，我们国家的民论，商店招牌，新闻，涉嫌"辱韩""辱美""辱日""辱印"的都不少，很多人被我们看为民族小英雄，而且似乎你可以常年辱着，从来不见其他国家的网友、新闻媒体、外交部来进行过交涉和讨伐的，别以为那叫凝聚力，叫团结对外。人家美国人说一句，"中国人民王八蛋"，我相信我们中国人民真的能有一堆不从的人迅速组成一支庞大的队伍去打人家，但只要美国人安排几个卧底，在这支大军里说上几句"上海人民王八蛋"，"北京人民王八蛋"，"河南人民王八蛋"，"东北人民王八蛋"，"广州人民王八蛋"，估计这支队伍还没到美国，就已经全军覆没了。

等哪天我们不成天哭着喊着别人辱华不辱华了，我们估计也不会内战了。

某教授做的学问

　　某专家教授想把中国的图腾——龙这形象改了，因为据说，"DRAGON"的英文意思是"充满攻击性和霸气的庞然大物"。那么按照这位"专家"的意思，改成温驯的没有攻击性的黄金猎犬是最合适不过。这样多好，我们都是龙的传人，这专家按照自己提出的意见，他可以率先称自己为狗的传人，看看有没有人愿意和他一起。或者直接把他画个肖像，中国形象就改成吴友富得了。在中国的做学问的专家和教授里他正是一典型。我们的有些教授专家就是这样，他们没有弄明白，除了理工科外，其他所谓的哲学啊社会公共关系学啊文学啊心理学啊这些"学"的搞学问就是一混饭吃并且让你踏实安度余生不要给社会造成负担既无功也不要有过的一个东西。举凡这些学科，任何的课题和学术发现就是无价值的，有些人不甘心，非要整出动静，往大了整，往危言耸听了整，以造核武器的心态来做学问，下场就是闹笑话。

DRAGON的英文翻译是充满攻击性的霸气的庞然大物，这都不用改，在新中国前，中国历代给人的形象就是这样的。人家韩国不愿意首都叫汉城，让人感觉是中国的一个城市，硬是逼我们改成了首尔。如果觉得"DRAGON"有异议，应该学韩国，告诉全世界，以后，看见类似动物，不能叫"DRAGON"，得叫"LONG"，还得带声标。那篇报道最后，记者写到：据悉，这个课题如果完成，所塑造的中国国家新的形象标志，很有可能将被国家有关部门采用。

我想问，是哪个国家有关部门可以有权决定？几个无聊教授画些无聊画，我们就不能管自己叫龙的传人了（估计按照这些教授的想象力，我们八成得是熊猫的传人，而且"PANDA"这个英文好啊，一不小心人家外国人还看成了"PRADA"）。得，中国的英文名是"CHINA"，叫瓷器，容易引起外国人的误解，按照专家的话说，这也不好，索性这些教授连咱中国的国家名也改了。有关部门再采用一次。我所最感兴趣的不是中国的新标志是什么，而是究竟最后"哪个部门"敢采用了。我真想现在就发送短信SB到54385438，参加竞猜。

晨报讯　中国形象标志将来可能不再是"龙"，由某教授领衔，重新建构和向世界展示中国国家形象品牌这一重要研究已正式被列入上海市哲学社会科学规划课题立项。

从古到今，龙一直作为中国形象的一个代表性标志而为中外所普遍认同。中国人也往往以自己是"龙的传人"而平添了几分自豪感。然而，"龙"的英文"Dragon"，在西方世界被认为是一种充满霸气和攻击性的庞然大物。"龙"的形象往往让对中国历史和文化了解甚少的外国人由此片面而武断地产生一些不符合实际的联想。

考虑到包括"龙"在内的一些中国形象标志往往具有一定的局限性，容易招致误读误解或别有用心的歪曲，吴友富建议，中国国家形象品牌可以在空间上分块，在时间上分段。在顾及历史因素的同时，考虑当代的时代特色，考虑到中国各民族、各地区的不同文化特色与特征。此外，还要考虑到民族、宗教信仰和地域文化等因素。

某教授指出，西方世界对东方佛教和儒家文化是心存偏见的。而其实中国的"儒、释、道"三家，追求的是修身养性，倡导的是以民为本，天人合一，充分体现出了人性。因此，在重塑和构建中国国家形象品牌时，应该非常重视和积极挖掘中国传统文化中的正面形象和积极元素，做到古为今用，推陈出新，重塑出能够真正代表当今中国形象的标志物和载体。

　　就中国国家形象品牌构建的实现途径，某教授表示，要通过大力宣传、挖掘和阐释类似"龙凤呈祥"、《清明上河图》这样的中国历史上的现实主义风俗画卷，来形象化地表达出中国人民与生俱来的追求美好、祥和的理念与民族文化底蕴。

　　据悉，这个课题如果完成，所塑造的中国国家新的形象标志，很有可能将被国家有关部门采用。（来源：《新闻晨报》宋杰通讯员缪迅）

蚂蚁上树

中国伟哥又搞出问题了，这是迟早的事情。在传销和非法集资中，我总觉得对受害者的同情是要和普通灾难受害者的同情区分开的。两者区别在于一个是活该，一个是该活。当然，在当今物价下，老百姓也的确太需要钱了。不过这是投资，是有风险的。在我们国家，连转发短信都是有风险的，何况是养一些奇形怪状的昆虫呢。按理说这应该让其自生自灭，但是如果任其发展，一朝崩溃，威力也相当于一个氢弹扔到了百万人口的大中型城市。

我只发表一点其他的看法。

首先，我不觉得蚂蚁是很有用的药物。当然，我们需要一